후통,

베이징
뒷골목을
걷다

국립중앙도서관 출판예정도서목록(CIP)

후통, 베이징 뒷골목을 걷다 / 지은이: 조관희. -- 파주 :
청아출판사, 2016
   p. ;   cm

ISBN 978-89-368-1082-5 03910 : ₩16000

중국사[中國史]
베이징[北京]

912.126-KDC6
951-DDC23   CIP2016008565

후통, 베이징 뒷골목을 걷다

초판 1쇄 인쇄 · 2016. 4. 5.
초판 1쇄 발행 · 2016. 4. 12.

글 사진 · 조관희
발행인 · 이상용 이성훈
발행처 · 청아출판사
출판등록 · 1979. 11. 13. 제9-84호
주소 · 경기도 파주시 회동길 363-15
대표전화 · 031-955-6031   팩시밀리 · 031-955-6036
E-mail · chungabook@naver.com

ISBN 978-89-368-1082-5 03910

* 값은 뒤표지에 있습니다.
* 잘못된 책은 구입한 서점에서 바꾸어 드립니다.
* 이 책에 대한 문의사항은 이메일을 통해 주십시오.
* 이 책에 사용된 사진 중 저작권을 찾지 못한 사진은 확인되는 대로 허가 절차를 진행하겠습니다.

역사와 혁명의 도시
베이징에 살았던 사람들

후통,
베이징
뒷골목을
걷다

| 글·사진 조관희 |

청아출판사

지은이의 말

나는 베이징 지도를 보면서 알 수 없는 이질감을 느꼈다. 그것은 줄곧 서울 강북 지역에서만 살던 내가 처음 강남에 갔을 때 바둑판처럼 정연하게 정돈된 거리를 보고 느꼈던, 딱히 뭐라 말하기 어려운 어떤 거북한 감정과 비슷한 것이었다. 종로나 을지로, 퇴계로 정도가 그나마 반듯할 뿐, 오랜 역사에 걸맞게 꼬불꼬불하게 얽힌 강북의 길에 익숙해 있던 나는 길을 지나쳐도 다음 신호등에서 유턴을 하거나 우회전 세 번이면 원래 자리로 되돌아오는 강남 거리에 오히려 마음이 불편했다. 지금은 강남이 서울의 중심으로 여겨지기도 하지만, 불과 20년, 30년 전만 해도 서울은 사대문 안이 고작이었다. 사대문을 조금 벗어난 용산만 해도 멀다는 느낌이 들었고, 지금의 양화대교인 제2한강교를 건너 영등포라도 가려면 제법 먼 곳으로 나간다는 생각에 엄두가 나지 않았다. 어지간한 곳은 그냥 걸었고, 눈이라도 제법 내리면 버스가 무악재를 넘지 못했던 시절이었다.

1970년대 중반, 고등학교 시절 소풍을 갔다. 당시 담임선생님은 집결지에 대한 설명을 소상하게 해 주셨다. 지금은 젊은이가 많이 모이는 의류 전문 백화점 자리, 그러니까 당시엔 서울운동장이라 불렸던 지금의 동대문운동장 건너편에 있던 덕수상고 정문에서 몇 번 버스를 타고, 현재 한남대교인 제3한강교를 건너 그 버스의 종점에서 모인다는 것이었다. 아침 일찍 집을 나서 집결지에 도착했으나 거기서도 다시 논두렁길을 한동안 걷고 나서야 목적지에 도달할 수 있었다. 그곳에는 배나무 밭이 있었고, 어떤 능이 하나 있었다. 당시에는 소풍을 갔다 하면 으레 능으로 갔기 때문에 그 능이라고 해서 특별한 감흥을 불러일으키지는 않았다. 항상 그렇듯 김밥에 사이다를 마시고, 남들 장기 자랑하고 놀 때 숫기 없이 뒤쪽에 앉아 부러진 나뭇가지로 땅을 파다가 돌아온 게 그날에 대한 기억의 전부였다. 그때 소풍 갔던 곳이 바로 선릉이었다. 지금은 너무나 번화한 거리로 변한 선릉이 당시엔 털털거리는 버스를 타고 한강 다리를 건너 먼지 풀풀 날리는 허허벌판 길을 한동안 달린 뒤 다시 논두렁길을 한참 걸어야 갈 수 있는 곳이었던 것이다.

시간이 흐르고 도시화가 진행되면서 도시가 팽창하는 것은 세계 모든 도시에서 보편적으로 나타나는 추세다. 서울은 한강을 두고 강북과 강남으로 나뉘어 강북은 구도심으로 남고, 강남 지역이 새롭게 개발되어 서울의 영역이 확장됐다. 반면 베이징에는 한강과 같은 큰 강이 없기 때문에 고요한 호수에 돌을 던지면 돌의 낙하지점에서 밖으로 동심원이 확장되어 퍼져 나가듯, 그렇게 중앙 구도심에서 외곽 쪽으로 도시가 확장됐다. 그래서 베이징 도심은 도시의 확장과 무관하게 그대로 남을 수 있었으며, 그렇기 때문에 베이징의 도심 지역을 보면 이 도시가 애당초 건설되었을 당시 모습을 헤아려 볼 수 있다. 이제 그곳을 찾아 떠나려 한다.

조관희

BEIJING

일러두기
이 책에 나오는 중국인 인명과 지명은 고대나 현대를 불문하고 모두 원음으로
표기하였다. 아울러 중국어의 한글 표기는 문화체육부 고시 〈제1995-8호 외래
어 표기법〉에 의거하되, 여기에 부가되어 있는 표기 세칙은 적용하지 않았다.

지은이의 말 • 004

프롤로그 베이징에서 살았던 사람들 이야기 • 008

라오서 베이징을 사랑한 작가 • 026

캉유웨이와 량치차오 새로운 역사는 없다 • 062

차이위안페이 근대 교육의 선구자 • 098

리다자오 중국 최초의 마르크스주의자 • 132

루쉰과 저우쭤런 베이징에서의 세월들 • 166

에드거 스노 서행만리(西行萬里) • 214

신채호 울분 속에 살다 간 우국지사 • 244

주요섭 《사랑방 손님과 어머니》의 작자가 본 베이징 • 272

에필로그 낡은 베이징, 새로운 베이징 • 292

베이징에서 살았던 사람들 이야기

한때 중국은 '죽의 장막'이라 불렸을 정도로 외부 세계와 철저하게 담을 쌓고 살았다. 그러나 개혁 개방 이후 중국은 적극적으로 바깥 세계와 소통에 나섰고, 오랜 역사가 남긴 풍부한 문화유산 덕에 순식간에 관광 대국이 되었다. 2008년 베이징 올림픽은 이런 추세에 기름을 부은 격이었으니, 베이징은 언제나 수많은 관광객으로 붐비는 도시가 되었다. 몰려드는 사람들을 수용하는 데 기왕의 호텔로 부족하자 베이싱 시 당국은 도심지의 오래된 사합원들을 호텔로 개조해 관광객들을 받아들일 수 있게 했다.

베이징은 정중앙의 쯔진청紫禁城을 중심으로 도시가 확장되었기에 아무래도 주요 관광 명소들은 흔히 말하는 2환二環 내에 집중되어 있다. 따라서 관광객들이 선호하는 호텔 역시 2환 내에 있다. 그 가운데서도 오래된 사합원을 개조한 호텔들은 저렴한 가격만큼이나 이국적인 풍취로 외국인 관광객에게 환영을 받고 있는데, 그 가운데 하나가 바로 주위안 호텔竹園賓館이다. 지하철 2호선 구러우다졔鼓樓大街 역에서 내려 남쪽으로 몇백 미터 정도 내려가다 오른쪽 골목으로 조금 걸어가면 고풍스러운 주위안 호텔의 대문을 만나게 된다.

주위안 호텔 ⓒ 조관희, 2014

주위안 호텔 내부 ⓒ 조관희, 2014

도심에 있으면서도 한적한 골목 한편에 살짝 비켜 서 있는 주위안 호텔은 조용하고 깨끗한 시설을 갖추고 있어 베이징을 찾는 관광객들이 선호하는 호텔 가운데 하나다. 그러나 정작 이곳을 찾는 관광객 중 원래 이 집의 주인이 누구였는지 아는 사람은 그리 많지 않다. 어지간한 규모의 호텔로 쓰일 만치 이 집은 그 크기와 풍격이 일반적인 사합원과는 그 유를 달리한다. 과연 이 집은 청 말의 고관대작들이 살던 집이었다.

　전하는 말로는 본래 청 말에 정권을 농단한 시 태후西太后의 총애를 받았던 환관 리롄잉李蓮英, 1848~1911의 저택에 딸린 정원이었다고 한다. 그 뒤 양무운동(洋務運動, 아편전쟁 이후 서양의 과학문명을 받아들여 자강을 도모했던 일련의 움직임) 당시 큰돈을 벌어 거부가 되었던 성쉬안화이盛宣懷, 1844~1916가 이곳에 살았다. 청 정부는 빠른 시일 내에 서구의 물질문명을 따라잡고자 관독상판官督商辦 형태의 회사를 설립했다. 이것은 정부가 출자한 자본금을 바탕으로 회사를 설립하고 관료의 감독하에 대상인이나 대지주 등을 포함한 민간인이 회사를 운영하는 것이었다. 결과적으로 이러한 시도는 실패했으나, 그 와중에 성쉬안화이 같은 상인들만 거부가 되었다.

　그 뒤로 이 집은 몇 번의 우여곡절을 거쳐 해방 후에는 정부가 접수했고, 주로 중국 공산당 고위 인사들의 저택이 되었다. 초기에는 중국 공산당 원로 둥비우董必武, 1886~1975가 이 집에서 거주했고, 이후에는 문화대혁명(文化大革命, 이후 문혁) 때 권세를 누렸던 캉성康生, 1898~1975이 살았다. 극좌 성향을 띠고 있던 캉성은 해방 전부터 몇 차례 현실적인 좌절을 겪고 난 뒤 1950년대 후반에는 병으로 장기 요양을 했다. 그러나 문혁이 일어나자 사인방과 결탁해 많은 사람들을 박해함으로써 악명을 떨쳤다. 캉성은 다행히도(?) 문혁이 완료되기 직전에 병으로 세상을 떴는데, 문혁이 끝난 뒤 사인방과 함께 재평가되어 모든 공적이 취소되었고, 바바오산八寶山 혁명묘지에 묻혔던 그 시신마저 이장되었다. 그가 살았던 집 역시 다른 명사들의 집이 그들을 기리는 기념관으로 바뀐 데 반해 관광객을 맞이하는 일개 호텔로 개조된 것이다.

한편 중국의 수도 베이징 한복판에는 유명한 톈안먼이 있고, 그 바로 앞에는 창안다졔長安大街라고 하는 대로가 베이징 시를 동서로 관통하고 있다. 이 길은 본래 톈안먼 앞의 좌우에 있었던 창안쭤먼長安左門과 창안유먼長安右門 사이를 잇는 창안졔長安街가 확장된 것이다. 예전에는 그 규모에 맞게 '십리 창안졔十里長安街'라 불렸지만, 현재는 '백리 창안졔百里長安街'라 불린다. 베이징의 주요 간선도로라는 위상에 걸맞게 이 거리에는 수많은 현대식 빌딩들이 즐비하게 늘어서 있다.

그런데 이 번화한 창안다졔를 걷다 보면 주위 풍광과 어울리지 않는 중국의 전통 건물이 한 채 서 있는 것을 발견할 수 있다. 얼핏 바로 앞에 있는 고층 건물에 딸린 부속 건물이나 경비실처럼 보여서 대부분의 사람들은 이 건물을 무심히 지나치게 마련이다. 혹시라도 호기심이 이는 사람이 있어 무슨 건물인가 가까이 다가서면, 건물 대문 앞 벽에 '우졘사于謙祠'라는 석판이 부착되어 있는 것을 볼 수 있다. 그러나 우졘사라는 석판을 보고도 사람들은 단순히 사당이려니 하고 발길을 돌리고 만다. 사당이라는 것은 알겠는데, 우졘이 사람 이름인지 무엇인지 알 수 없기 때문이다. 결론부터 말하자면, 우졘은 명나라 때 유명한 관료의 이름이다. 즉 이곳은 우졘, 곧 위쳰于謙을 기리는 사당인 것이다.

톈안먼에서 동쪽으로 바라본 창안다제 © 조관희, 2005

창안다제 한가운데 있는 위첸 사당 ⓒ 조관희, 2014

명 대 중엽인 1435년 정통제正統帝 영종英宗이 아홉 살의 나이로 황제 자리에 올랐다. 어린 황제가 등극하자 기다렸다는 듯이 사방에서 난이 일어났다. 잇따른 반란으로 중국 국내 정세가 혼란스러워지자 북방 몽골 지역에서도 오이라트부가 세력을 확장해 동북의 여진족에까지 세력을 확대했다. 오이라트부의 수장인 에센은 명 왕조에 조공사를 파견해 조공무역의 이익을 노렸다. 이에 명 왕조는 다퉁大同에 마시馬市를 열고 일상용품을 교역하게 했다. 그러나 명나라가 몽골 특산품인 말의 가격을 내려 이익을 높이려 하자 이에 불만을 품은 에센은 군사를 동원해 명을 침공했다.

당시 조정에서 득세하고 있던 환관 왕전王振은 다퉁 인근에 있는 자신의 고향 웨이저우蔚州가 함락될 지경에 처하자 전세가 불리함에도 황제를 부추겨 친히 전투에 나서도록 했다. 이들은 다퉁으로 향하던 중 지금의 허베이성河北省 화이라이현懷來縣에 해당하는 투무바오土木堡에서 에센의 군대에 포위되었다. 싸움다운 싸움도 해 보지 못하고 패한 정통제는 포로가 되었고, 왕전은 근위 군관에게 맞아 죽었다. 에센은 포로로 잡힌 정통제를 미끼로 명과의 협상에서 우위에 서려 했으나, 이를 간파한 명나라에서는 대학사 위첸 등이 나서서 정통제를 태상황太上皇으로 삼고, 그의 아우를 경태제景泰帝 경종景宗으로 옹립했다. 명의 책략에 김이 샌 에센은 베이징을 나흘간 포위하고 공격했으나 명의 완강한 저항에 부딪혀 뜻을 이루지 못했다. 결국 화의가 성립되어 에센은 자신의 근거지로 돌아가고, 정통제 역시 무사히 송환되었다.

그러나 정통제가 무사히 돌아온 것은 또 다른 화를 불러왔다. 정통제와 경태제, 황제가 두 명이 된 것이다. 하늘 아래 두 개의 태양은 없는 법인데, 그렇다고 이제 와서 사태를 도로 물리고 정통제가 다시 황제 자리에 오르기에는 마땅한 명분이 없었다. 그러나 일개 왕으로 강등되어 궁에 머물던 정통제의 존재로 경태제의 입지가 불안해진 것은 사실이었다. 그러다 병치레가 잦던 경태제의 증세가 악화되자 환관인 차오지샹曹吉祥은 무장인 스팅石亨과 결탁해 쿠데타를 일으켜 경태제를 퇴위시키고 정통제를 복위시켰다.

다시 황제 자리에 오른 정통제는 연호를 '천순天順'으로 바꾼 뒤, 동생인 경태제를 죽여 버렸다. 정통제는 이에 그치지 않고 위첸도 옥에 가두었다. 정통제로서는 자기가 포로로 사로잡혔을 때 자신을 대신해 아우를 황제로 옹립한 위첸이 눈엣가시처럼 미웠을 것이다. 그러나 위첸은 능력 있는 신하였을 뿐 아니라 청렴한 관리이기도 해 백성에게 존경을 받고 있었다. 그리고 그가 황제를 새로 옹립한 것은 어쩔 수 없는 상황에서 나온 고육책이었을 따름이었다. 그럼에도 정통제는 1457년 위첸을 사형시켰다. 그가 형장에 서는 날 많은 백성이 그의 억울한 죽음을 애통해했다고 한다. 과연 위첸은 정통제가 죽은 뒤 복권되었고, 나라를 구한 충신으로 추앙되었다.

위첸이 죽고 170여 년의 시간이 흐른 1630년, 또 한 사람의 충신이 억울한 죽임을 당했다. 그는 명 왕조의 운명이 경각에 달려 있는 위중한

순간에 나라를 지키고자 온 힘을 다했던 명장 위안충환袁崇煥, 1584~1630이었다.

무능한 황제와 그를 대신해 권력을 쥐고 흔들었던 환관들 때문에 명 왕조는 날이 갈수록 몰락의 길로 접어들었다. 동시에 만주 지역에서는 누르하치가 일어나 만력 44년인 1616년, 그때까지 분열되어 있었던 여진족을 통일하고 후금을 세웠다. 그리고 1618년, 누르하치는 이른바 '칠대한七大恨'을 명분으로 내걸어 명의 죄상을 열거하고는 곧바로 선전 포고를 했다. 이에 명 조정은 10만 대군을 동원하고 조선에도 참전을 요청했다. 그러나 누르하치는 명나라와 조선의 연합군에게 궤멸적인 타격을 입히고, 선양瀋陽과 랴오둥遼東 지역을 점령한 뒤 선양을 수도로 삼았다.

이러한 기세를 몰아 후금 군사는 중국 본토로 들어가는 관문인 산하이관山海關을 향해 나아갔으나, 산하이관 입구인 닝위안성寧遠城을 공략하던 중 포르투갈에서 수입한 홍이포紅夷砲로 무장한 위안충환 군대의 반격을 받아 패배했다. 누르하치는 이때 입은 상처로 사망하고, 그 뒤를 이어 태종太宗 홍타이지皇太極, 재위 1626~1643가 즉위했다. 홍타이지는 명을 공격하기에 앞서 1627년 조선을 공격해(정묘호란) 자신들에게 복속시킴으로써 후환을 없애고 다시 중원으로 향했다. 후금 군사는 자신들에게 패배를 안긴 위안충환의 군사를 피해 멀리 몽골 지역으로 우회해 베이징 인근의 장성인 시펑커우喜峰口를 거쳐 베이징성을 공격했다.

급보를 들은 위안충환은 닝위안성을 떠나 베이징에 돌아와 광취먼廣渠門과 쭤안먼左安門 부근에서 후금 군대를 물리쳤다. 이번에도 위안충환에게 패배한 후금은 군대를 베이징 외곽으로 물린 뒤 명의 마지막 황제인 숭정제崇禎帝에게 화친을 제의하는 한편, 환관을 매수해 위안충환이 후금과 내통해 모반을 꾸미고 있다는 소문을 내게 했다. 우매한 군주인 숭정제는 1629년 12월 위안충환을 옥에 가두었다. 이때 한 무리의 관리들이 나라가 위급한 처지에 놓인 상황에서 유능한 장수를 옥에 가두어 둘 수 없다며 구명을 호소했다. 그러나 환관을 지지하는 세력은 거듭 상소를 올려 위안충환은 1630년 9월 22일, 음력으로는 추석 다음 날인 8월 16일에 베이징 시스西市의 처형장에서 능지처참되었다.

명의 마지막 보루였던 위안충환이 억울하게 죽자 명의 장수들은 후금에 맞서 싸울 의욕을 잃었고, 오히려 군사를 이끌고 후금에 귀순하는 일까지 벌어졌다. 결국 1644년, 명 왕조는 16황제 277년의 역사를 뒤로 하고 망하고 만다. 나라의 존망이 바람 앞의 촛불처럼 위태로운 순간 모함을 받아 억울하게 죽은 위안충환은 이보다 앞선 남송 때 항금 투쟁에 앞장서다 간신 친후이秦檜의 음모로 억울하게 죽은 웨페이岳飛를 떠올리게 한다. 이에 후대 사람들은 웨페이와 위안충환을 외적에 맞서 싸우다 억울하게 죽은, 중국 역사에서 가장 빛나는 민족 영웅으로 떠받들고 있다.

위안충환이 죽은 뒤 그의 시신은 아무렇게나 방치되었다. 역적의 누명을 쓰고 죽은지라 누구 하나 감히 그의 시신을 거둘 생각을 못 했다. 전하는 말로는 이때 누군가가 위안충환의 머리를 몰래 거두어 자신의 집 뒷마당에 묻었다고 한다. 그리고 시간이 흐른 뒤 청나라 건륭제乾隆帝가 위안충환의 누명을 벗겨 주고 그에 대한 행적을 다시 수소문하는 과정에서 그런 사실이 알려졌다. 당시 그의 머리를 묻은 곳은 베이징 동남쪽에 있는 룽탄 호龍潭湖 인근이었다. 현재 룽탄 호는 공원이 되었는데, 이곳에 그를 기리는 사당이 세워지고 머리가 묻힌 곳에는 정식으로 봉분

위안충환 사당 © 조관희, 2014

위안충환 사당 입구 ⓒ 조관희, 2014   위안충환 묘 ⓒ 조관희, 2014

이 만들어졌다.

1264년, 베이징은 쿠빌라이에 의해 원나라의 수도가 되었다. 그리고 700년이 넘는 세월 동안 줄곧 중국의 수도로서 영욕의 세월을 온몸으로 겪어 냈다. 그러니 우리가 그저 심상한 눈으로 바라보고 걸어 다니는 베이징 도심의 골목길은 생각 외로 오랜 역사를 갖고 있는 셈이다. 아울러 베이징 곳곳에는 그동안 이곳에서 살았던 옛 사람들의 자취가 그대로 남아 있다. 어찌 앞서 살펴본 캉성의 주위안 호텔과 위쳰 사당, 위안충환의 묘와 사당뿐이랴.

누군가는 우리가 여행하는 곳에 대한 과도한 정보를 경계해야 한다는 말을 한다. 사전 정보가 우리의 눈을 가리고 우리의 생각을 제한하기 때문이라는 것이다. 그러나 돌이켜 생각해 보면 우리가 어느 곳을 여행한다는 것은 그저 맹목적으로 그곳을 찾아 주변 풍광을 감상하고 1차적인 인상을 받고 오는 데 그치지 않는다. 아는 만큼 보인다고 하지 않는가. 해당 지역에 대해 우리가 갖고 있는 정보는 우리의 이해를 심화시키고 우리가 받는 인상을 더욱 깊게 해 준다. 오랜 역사를 품은 고도 베이징은 우리가 상상하는 이상으로 다양한 사람들의 수많은 이야기를 담고 있다. 이제 그들의 이야기를 찾아가는 또 다른 여행을 떠나 보자.

1. 주위안 호텔 竹園賓館 Bamboo Garden Hotel

구러우다제

다시차오후통

샤오스챠오후통

주위안 호텔

허우하이

스차하이

| 주위안 호텔 인근 지도

주위안 호텔이 자리 잡고 있는 곳은 여행객들의 천국이다. 인근에 통칭 '스차하이什刹海'라 부르는 쳰하이前海와 허우하이後海가 있는데, 이곳은 오래 전부터 서민의 휴식 공간으로 유명하다. 가까운 곳에는 서울의 종각 혹 은 보신각과 마찬가지로 근대 이전에 도성 성문을 열고 닫는 시간을 알 려 줬던 구러우鼓樓와 중러우鐘樓도 있다. 주위안 호텔을 찾아가려면 지하 철 2호선 구러우다제 역에서 내려 남쪽으로 약 500미터 남짓 걸어가다가 샤오스챠오후통小石橋胡同을 찾아 오른쪽으로 300미터 정도 가면 된다.

2. 위첸 사당 于謙祠

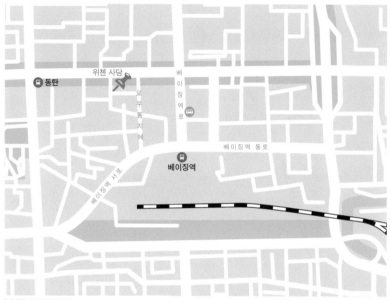

| 위첸 사당 인근 지도

번화한 거리의 고층 빌딩 사이에 숨겨져 있어, 얼핏 보면 마치 고층빌딩에 딸린 부속 건물처럼 보인다. 더구나 경비들이 오가며 빌딩 주변을 지키고 서 있기에 여행객들은 공연히 주눅이 들기도 한다. 더 기가 막힌 것은 그런 시선을 무릅쓰고 사당에 접근해도 공개를 하지 않고 있기에 안으로 들어가 볼 수 없다는 사실이다. 필자도 그저 밖에서 사진만 몇 장 찍고 돌아서야 했다. 위첸의 고사를 읽고 감회에 젖어 당시 분위기를 느껴 보려고 찾은 이들은 하릴없이 발길을 돌려야 하는 것이다.

3. 위안충환 묘와 사당

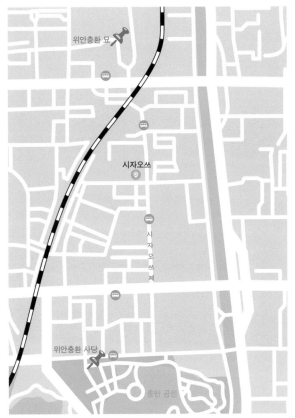

| 위안충환의 묘와 사당 인근 지도

위안충환 사당은 베이징 시민의 위락 공원인 룽탄 공원龍潭公園 내에 있다. 룽탄 공원은 룽탄 호를 이용해 만든 공원으로, 드넓은 부지에 수목이 우거져 있어 도심의 허파와 같은 역할을 한다. 평소에도 인근 주민의 발길이 끊이지 않고 이어지며, 남쪽에는 놀이동산이 있어 주말이면 짜릿한 스릴을 맛보려는 베이징 시민과 관광객들로 항상 붐빈다.

사당은 공원의 서문으로 들어가면 쉽게 찾을 수 있다. 내부에는 위안충

| 사당 내에 있는 캉유웨이의 추도시. 그러나 관리가 제대로 되지 않아 글자가 훼손되어 알아보기 어렵다.
ⓒ 조관희, 2014

환을 기리는 후대 사람들의 시비詩碑와 그의 사적을 기록해 놓은 비문碑文들이 전시되어 있는데, 관리가 썩 잘되고 있다는 느낌은 들지 않는다. 주변을 오가는 사람 중에도 이곳에 주의를 기울이는 사람은 거의 없는 편이다.

사당을 모두 돌아본 뒤에는 다시 동쪽으로 걸어간다. 공원 정문으로 나와 북쪽을 향해 시자오쓰졔夕照寺街를 따라 걸으면 위안충환 묘가 있는 작은 공원에 도착한다. 이곳에는 별다른 것이 없지만, 위안충환 시신의 일부가 묻혀 있기에 나름대로 그의 행적에 대한 희미한 자취라도 느낄 수 있다.

라오서
老舍

베이징을 사랑한 작가

라오서

BEIJING

중국의 수도 베이징은 그 유구한 역사로 많은 문화 유적이 남아 있는 유명한 관광 도시이다. 베이징 정중앙에는 흔히 '구궁故宮'이라 부르는 쯔진청紫禁城이 있고, 그 앞에 중국인이 넓이로는 세계 최대라 일컫는 톈안먼 광장이 있다. 톈안먼 광장의 엄청난 규모에 압도당한 관광객들은 다시 발걸음을 옮겨 쯔진청에서 길을 잃고 헤매다 '베이징의 명동'이라는 왕푸징다제王府井大街를 활보하게 마련이다. 자동차가 다니지 못하는 왕푸징 보행가步行街의 규모 역시 만만치 않으니, 외국인 관광객뿐 아니라 중국의 내국인 관광객 역시 이에 압도당할 정도다.

한 상하이 사람은 이렇게 말했다.

"유명한 왕푸징에 가 보았는데, 10분가량을 걸었는데도 거리가 끝나 버릴 줄을 몰랐다. 처음에는 길을 잘못 들었나 하는 생각이 들어 지나가는 사람에게 '베이징에는 왕푸징이 여러 군데 있는 건가요?' 하고 물었을 정도였다."[1]

왕푸징 거리는 흔히 우리나라 명동에 비유된다. 실제로 이곳에는 관광객의 시선을 빼앗는 다양한 볼거리와 먹을거리가 사시사철 넘쳐 난다.

하지만 그렇게 많은 관광객 중 바로 이곳에 중국 현대문학사에 큰 족

왕푸징의 야식 거리 ⓒ 조관희, 2004, 2013

적을 남긴 위대한 문호의 옛집이 기념관으로 만들어져 보존되고 있다는 사실을 알고 있는 이가 몇이나 있을까? 아니, 중국에 그런 작가가 있다는 걸 알고는 있을까? 그는 바로 베이징에서 태어나 베이징에서 자라 베이징에서 죽은, 베이징이 낳은 최고의 소설가 라오서老舍, 1899~1966이다. 그는 젊은 시절 학생들을 가르치고자 산둥 지방과 영국 런던에서 살았던 시간을 제외하고는 생애 대부분을 베이징에서 보냈다. 그가 만년에 살았던 집이 바로 이곳 왕푸징 일대에 속하는 베이징 시 둥청구東城區 덩스커우시제灯市口西街 펑푸후퉁丰富胡同 19호이다. 현재는 라오서 기념관으로 개조되어 사람들을 맞고 있다.

라오서의 대표작은 1936년 잡지 〈우주풍宇宙風〉에 연재한 《뤄퉈샹쯔駱駝祥子》이다. 여러 나라의 언어로 옮겨졌으며, 우리나라에서도 번역본이 두 종이나 출간되었다.[2] 이 소설은 라오서가 동료 교수에게 우연히 들은 두 명의 인력거꾼에 대한 이야기에서 영감을 얻어 쓴 것이다.

순박한 인력거꾼 샹쯔祥子가 힘들게 마련한 인력거를 당시 군벌의 병사들에게 빼앗겼다가 다시 마련하는 과정을 반복하며 서서히 몰락하는 모습을 그리고 있다. 샹쯔라는 이름 앞에 뤄퉈, 즉 낙타駱駝라는 말이 붙은 것은 그가 어렵게 마련한 인력거를 군인에게 뺏기고 탈출하면서 낙타 세 마리를 끌고 온 것에서 유래한 것이다. 이후 샹쯔는 결혼도 하고 나름대로 삶에 대한 희망도 품어 보지만, 결국 마누라도 죽고 인력거까지 잃고 삶에 아무런 기대도 할 수 없는 나락에 떨어져 그날그날을 적당히 살아가게 된다.

이 소설은 발표된 뒤 사람들로부터 큰 인기를 끌어, 비슷한 시기에 마오둔茅盾, 1896~1981이 쓴《새벽이 오는 깊은 밤子夜》(1932)과 더불어 일세를 풍미했다. 미국에서 활동했던 중국 문학가인 샤즈칭夏志淸은 두 사람의 차이에 대해 이렇게 기술했다.

> 마오둔이 화려한 문학 용어를 사용하는 데 반해, 라오서는 순수한 베이징 방언을 써내는 데 최고의 재능을 보였다. 남북 문학의 감각이라는 유서 깊은 방법을 가지고 보면, 라오서는 북방문학을 대변하여 개인주의적이며 단도직입적이고 유머 감각이 풍부하다고 할 수 있고, 마오둔은 북방문학보다 더 여성적인 남방문학을 대변하여 낭만적이고 애상적이며 감각적이라고 할 수 있다. 마오둔은 다양한 여주인공으로 유명하지만, 라오서의 주인공은 거의 전부가 남자이고, 가능하다면 낭만적 제재를 피하려 한다. 마오둔이 중국 현대사의 혼란스러운 사건에 대한 수동적이고 여성적인 반응을 기록한 데 반해, 사회적 힘보다 개인의 운명에 대해 더 관심을 가진 라오서는 활동적인 주인공을 내세운다. 마오둔이 일찍부터 중국 문제의 유일한 해결 방안으로 공산주의에 기울었던 데 반해, 라오서는《뤄퉈샹쯔》를 쓰기 전까지 중국에서 침체와 부패를 몰아내기 위해 중국인은 자신이 선택한 임무에 최선을 다해야 한다는 비교적 단순한 애국적 명령을 충실하게 믿고 있었다.[3]

샤즈칭이 베이징 방언을 가장 잘 구사한 작가라고 칭송했던 대로, 라오서는 대대로 베이징에서 살아왔던 베이징 토박이, 곧 '라오베이징老北京'이었다. 베이징 사람들의 일상을 베이징 토박이말로 풀어낸 이른바 '경미소설京味小說'의 대표 작가 가운데 한 사람인 류신우劉心武는 자신의 소설 《중거우러우鐘鼓樓》에서 라오베이징의 특성에 대해 다음과 같이 묘사한 바 있다.

> 베이징 중심부의 후통에 있는 사합원에 사는 자들은 토착 베이징인으로, 대개는 3세대 이상 베이징에 정주해 온 사람들이며, 베이징 하층 사회를 구성하고 있는 보통 사람들이다. (……) 그들의 특징은 다음과 같다. 정치적 지위에서 보면, 간부의 범주에는 들지 않는다. 경제적 지위에서 보면, 수입이 낮은 층에 속한다. 전체적으로 교육 수준은 낮은 편이다. 직업의 특징을 보면 대부분이 중소 규모의 서비스업, 또는 낮은 수준의 기술 정도를 요구하는 육체노동에 종사하고 있다. 생활 방식에는 전통적 색채가 많이 남아 있다.[4]

하지만 라오서가 라오베이징이었다는 사실보다 더 특이한 것은 그가 한족이 아니라 만주족 출신이라는 점이다.

잘 알려져 있다시피 청 왕조는 만주족이 세운 나라였으며, 그런 의미에서 만주족은 중국의 지배자였고, 한족은 피지배자였다. 몽골족이 세운 원 왕조 이래로 이민족으로서 두 번째로 중원을 차지한 만주족은 몽골족과는 달리 중원 문화를 인정하고 적극적으로 받아들이는 정책을 폈다. 그래서 한족 문화를 철저하게 무시했던 원나라와 달리 청 왕조는 명 왕조의 기본적인 사회 체제를 대부분 그대로 계승했다. 이에 서구 학자

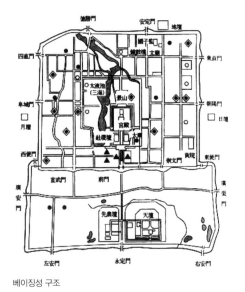
베이징성 구조

들은 명과 청을 하나로 묶어 '후기 중국 제국Late Imperial China'이라 부르기도 한다. 이 용어는 약간의 설명이 필요하다. 서구인이 보기에 중국은 진 시황이 천하를 통일한 이래 황제를 정점으로 관료 조직이 백성들을 다스리는 국가 체제가 청 왕조까지 이어져 왔기에, 본질적으로 하나의 제국이라 해도 과언이 아니다. 그래서 그들은 진 시황부터 청 왕조 멸망까지 약 2천 년 남짓한 시기를 '중국 제국Imperial China'이라 부르는 것이다. 그리고 명과 청, 양대는 그 '중국 제국'의 후반기에 해당하기에 '후기 중국 제국'이라 부르는 것이다.

이야기가 잠깐 샛길로 흘렀는데, 아무튼 명에서 청으로 나라의 주인이 바뀌자 수도 베이징에 살고 있던 원주민들 역시 새로운 주인에게 자리를 내주었다.

베이징성은 위쪽의 정사각형과 아래쪽의 좌우로 퍼진 직사각형으로 구분된다. 본래는 위쪽 정사각형에 해당하는 내성밖에 없었는데, 나중에 이것을 둘러싸는 외성을 건축하다가 비용이 부족해 중간에서 중동무이해 버렸다. 이렇게 특이한 모양 때문에 베이징성은 '모자의 성'이라고도 불린다. 청나라가 들어서자 만주족과 한족의 분리 정책으로 성의 핵

심부라 할 수 있는 내성에 살고 있던 한족은 모두 남쪽의 외성으로 쫓겨나고 만주족이 그들을 대신해 내성에 들어왔다.

라오서의 아버지인 수융서우舒永壽는 만주 팔기 정홍기正紅旗에 속한 마갑馬甲 신분으로 황성 기병旗兵이었고, 어머니는 만주족 정황기正黃旗에 속하는 가난한 농가의 딸이었다. 당시 기병들의 황실에 대한 복무는 거의 무상에 가까운 것이었고, 이것은 황실의 기병에 대한 착취와 다름없었다.[5] 아버지의 월급은 은 3냥에 불과했고, 이 돈으로는 여섯 명이나 되는 식구들을 부양하기에 턱없이 부족했다. 당시 라오서의 가족은 아버지, 어머니와 라오서보다 열 살쯤 연상인 셋째 누이, 여덟 살 위인 형, 과부가 되어 얹혀살았던 고모, 라오서까지 모두 여섯 명이었다. 큰누이와 둘째 누이는 이미 시집을 갔고, 형 두 명과 누나 한 명은 라오서가 태어나기 전에 이미 세상을 떠났다.

라오서는 광서 24년인 1899년 베이징 시청西城의 샤오양자후통小楊家胡同 8호에서 태어났다. 막내인 라오서가 태어났을 때 그의 어머니는 마흔한 살이었고, 산모와 아기가 모두 혼수상태에 빠질 정도로 난산難産을 겪었다. 어찌어찌 위기를 무사히 넘기고 나자 라오서의 아버지는 기쁜 나머지 새로 태어난 아들의 이름을 '봄을 경축한다'라는 의미로 칭춘慶春이라 지었다. 라오서가 태어난 날이 바로 입춘 전날이기도 했다. '라오서老舍'라는 이름은 그가 나중에 필명으로 자신의 성인 '수舒' 자를 파자하여 '서위舍予'라 부르거나 아예 '서舍' 한 글자만을 사용하다가 중국인이 친근감

사오양자후통 8호 © 조관희, 2014

을 나타내고자 이름 앞에 별 뜻 없이 붙이는 접두어인 '라오老'를 더한 것이다.

라오서가 태어난 다음 해인 1900년 6월, 의화단義和團 사건이 일어났다. 의화단원들은 성당과 교회당을 불태우고 선교사와 기독교 신도들을 학살하는 등 난동을 부려 베이징성안은 큰 혼란에 빠졌다. 8월이 되자 독일과 일본, 영국, 미국, 프랑스, 오스트리아, 러시아, 이탈리아의 8개국 연합군이 의화단을 소탕한다는 명분으로 베이징에 입성해 약탈을 자행했다. 이때 라오서의 집도 두 차례나 침탈을 당했다. 처음에는 집에서 기르던 개가 연합군의 총칼에 희생되었고, 두 번째에는 식구들이 모두 피신한 가운데 갓 돌이 지난 라오서가 잠이 든 사이 그 위에 빈 상자가 엎어져 폭도들의 눈을 피해 겨우 목숨을 건질 수 있었다고 한다.

그러나 황성 수비병이었던 그의 아버지는 연합군에 맞서 싸우다 전신에 화상을 입고 죽고 말았다. 그렇지 않아도 어려운 살림이 아버지의 죽음으로 더 곤궁해졌다. 라오서의 어머니는 남의집살이부터 재봉질 등 할 수 있는 모든 일을 하며 가족을 부양했다. 하지만 아무런 배움도 없는 여자가 할 수 있는 일이란 애당초 한계가 있을 수밖에 없었다. 어린 시절 라오서에게 가난의 굴레는 천형과 같은 것이었다.

그럼에도 라오서는 공부를 잘했다. 사숙을 거쳐 공립소학교를 졸업한 뒤 13살 되던 해인 1912년에 라오서는 경사제3중학京師第三中學에 합격했다. 이때 라오서는 나중에 유명한 언어학자가 되는 뤄창페이羅常培, 1899~1958와 평생의 지기가 된다.

라오서는 워낙 가난했던지라 반년 만에 중학교를 중퇴해야 했다. 하지만 공부를 단념할 수 없었던 그는 이듬해에 새로 생긴 베이징 사범학교에 응시해 합격했다. 이 학교는 새로 생긴 만큼 교사나 도서관 등 학교 시설도 충실하고, 교사 역시 훌륭한 인물들로 채워졌다. 하지만 라오서에게 이것보다 중요한 사실은 수업 연한 5년간 학비, 식비 등이 면제되고 제복과 책도 제공된다는 것이었다. 이제 지긋지긋한 가난의 굴레에서 벗어나 마음껏 공부할 수 있는 여건이 마련되었을 뿐 아니라 5년 뒤에는 학교 교사로 임용되어 생계를 해결할 수 있게 되었다. 과연 19살이 되던 해 라오서는 이 학교를 졸업하고 곧바로 둥청구 안딩먼安定門 내 팡쟈후통方家胡同에 있는 경사공립제17소학교京師公立第17小學校(현재는 팡쟈후통소학교)의 교장으로 발령받았다. 이것을 시작으로 라오서는 평생 교원과 작가 생활을 병행하게 된다.

라오서는 교장으로서 실적을 인정받아 2년 뒤인 1921년에 북교권학원北郊勸學員, 곧 베이징 북부 교외 지역을 관할하는 교육감이 되었다. 이때 월급이 100위인이었는데, 당시 순사 월급이 6위안이었다는 사실을 상기하면 그가 단기간에 얼마나 높은 자리에 올랐는지 알 수 있을 것이다.

넉넉한 수입으로 생활에 여유가 생기자 라오서는 술과 담배를 배우고 마작과 같은 도박도 즐겼다. 그러나 병약했던 라오서는 이 때문에 폐결핵에 걸렸고, 적당히 주위 사람들과 어울리지 못하는 강직한 성품 탓에 상사로부터 질책까지 받고 나자 자기 처지에 심각한 회의가 들었다. 이런 물질적인 풍요 속에 자신을 내맡기고 주위 사람들과 좋은 게 좋은 거라고 적당히 살아가기에는 라오서의 양심이 허락하지 않았다. 1922년, 라오서는 과감하게 권학원을 사직하고 다시 곤궁한 생활로 돌아왔다. 정식으로 직장을 얻기 전까지 가난 속에서 힘들게 살아왔던 라오서가 이런 결단을 내리기는 결코 쉽지 않았을 것이다. 생계를 위해 다시 일을

해야 했던 라오서는 톈진과 베이징에서 교사 생활을 하다 1924년에 영국으로 건너갔다.

라오서의 영국행은 베이징 옌징 대학燕京大學 교수였던 에반스R. K. Evans 가 주선한 것이었다. 라오서는 런던 대학 동방학원School of Orintal Studies, London Institution, University of London에서 렉춰러Lecturer 신분으로 베이징 관화와 사서四書를 9월부터 5년간 가르치기로 계약을 맺었다. 그러나 그가 수행해야 할 업무는 생각보다 과중한 것이었고, 급료 역시 충분하지 않았다. 더구나 급료 중 일부를 어머니에게 송금해야 했기에 런던에서의 생활은 항상 빠듯했고, 강의 부담도 적지 않아 돌아다닐 시간조차 없었다. 그래서 방과 후나 주말에는 도서관에 틀어박혀 영어 공부도 할 겸 찰스 디킨스의 소설들을 읽어 댔다. 이때 영감을 얻어 처음으로 자신도 소설을 써야겠다는 생각을 했다. 그리고 바로 착수해서 완성한 것이 최초의 장편소설인《장씨의 철학老張的哲學》이다.

이후로도 라오서는 다양한 서구 작가들의 작품을 읽는 한편, 자신의 소설도 계속 집필했다. 영국 체재 시절 그에게 가장 큰 영향을 주었던 작가는 라오서가 영국으로 건너왔던 해에 세상을 떴던 조셉 콘래드Joseph Conrad, 1857~1924였다. 5년간의 영국 생활은 결코 편안하거나 행복하지 않았지만, 작가로서 단련을 받고 실제로 작품을 써냈다는 점에서는 의미 있는 시간이었다. 1929년 6월에 계약 기간이 만료되자 라오서는 미련 없이 런던을 떠나 귀국길에 올랐다.

도중에 싱가포르에서 6개월을 체류한 뒤(귀국길에 돈이 떨어져 여비를 벌기 위해서였다는 설도 있다), 1930년 4월경 라오서는 상하이에 도착했다. 곧바로 새로 생긴 산둥山東의 치루 대학齊魯大學에 부교수로 부임한 라오서는 이듬

라오서가 런던에서 머물렀던 곳

해에 후졔칭胡絜青과 결혼하고 가정을 꾸렸다. 두 사람을 이어 준 것은 라오서의 친구인 뤄창페이 등이었다. 라오서는 귀국 후 잠시 동안 베이징에서 친구 집에 머물렀는데, 뤄창페이는 당시 베이징 사범대학에서 공부하고 있던 후졔칭더러 라오서에게 베이징 사범대학에서 강연을 해 달라는 요청을 하게 했다. 이것이 그들의 첫 만남이었고, 이후 라오서의 친구들은 두 사람에게 결혼할 것을 적극적으로 권유했다. 라오서는 치루 대학에 부임한 뒤, 후졔칭에게 장문의 편지를 보내 자신을 소개하면서 정식으로 청혼했다. 라오서는 두 사람 모두 만주족이라 생활 습관도 같고, 공부를 좋아하는 것도 같으니 서로 공통의 언어로 함께 살아갈 것을 제안했다. 그러면서 라오서는 약법 삼장約法三章을 제기했는데, 첫째 고생을 참아낼 것, 둘째 각고의 노력으로 하나의 전문 분야를 배울 것, 셋째 싸우지 말고 부부가 화목하게 살아갈 것 등이었다. 이후 라오서는 100여 통의 편지를 보낸 끝에 후졔칭과 결혼하게 되었다. 이후 두 사람은 살아가면서 한 번도 얼굴을 붉힌 적이 없었다고 한다.

이후 라오서는 지난濟南과 칭다오青島를 오가며 교직과 집필에 종사했으나 중일전쟁이 본격적으로 일어난 뒤에는 가족과 헤어져 국민당 임시정부가 있는 충칭重慶에서 항일운동에 매진했다. 1943년, 후졔칭은 아이들을 데리고 베이징을 출발해 50일간의 여행 끝에 충칭에 도착했는데, 이는 헤어진 지 6년 만에 가족이 한자리에 모인 것이었다.

1945년에 일본이 패망하고, 그 이듬해에 라오서는 미 국무성의 초청에 응해 미국을 방문했다. 그때 그와 함께 미국에 건너갔던 이는 극작가 차오위曹禺, 1910~1996였다. 미국에서 두 사람을 초청한 것은 당시 재중국 미국 문화원 국장으로, 뒤에 하버드 대학 교수를 지낸 유명한 중국학자 존

킹 페어뱅크John King Fairbank, 1907~1991였다.

미국에서 라오서는 자신의 대표작인 《뤄퉈샹쯔》가 1945년에 로버트 워드Robert S. Ward(에반 킹Evan King이라는 필명을 썼다)에 의해 'Rickshaw Boy'라는 제목으로 영역되었다는 사실을 알게 되었다. 그의 소설은 단순히 번역된 것에 그친 게 아니라 그해에 '이달의 책 클럽Book of the Month Club'에서 올해의 책으로 선정되었을 정도로 인기를 끌었다. 하지만 라오서를 더욱 놀라게 한 것은 이런 일련의 사실이 아니라 본래 비극으로 끝난 이 소설이 번역 과정에서 해피엔드로 개작되었다는 사실이었다. 라오서는 미국에서 자신의 작품을 영역하는 일을 돕는 등의 일을 하며 3년간 머물다가 1949년 신중국 수립 후 귀국했다.

이후 라오서는 충칭에 남아 있던 가족들을 모두 베이징에 불러 4년 만에 재회했는데, 이때 현재 라오서 기념관으로 사용되고 있는 베이징 둥청구 덩스커우시졔灯市口西街 평푸후퉁丰富胡同 19호의 집을 구입해 죽을 때까지 이곳에서 살았다.

그러나 신중국 수립 이후 잇따른 정치적인 격변으로 라오서는 창작의 혼을 잃어버렸다. 그럼에도 죽을 때까지 멈추지 않았던 그의 창작에 대한 의욕을 결정적으로 꺾은 사건은 문화대혁명이었다.

1965년 11월 10일, 야오원위안姚文元이 〈문회보文匯報〉에 역사학자 우한吳晗이 쓴 극본 〈하이루이의 파면海瑞罷官〉을 비판하는 글을 게재하면서 촉발된 문화대혁명은 해가 바뀌어 1966년이 되자 본격적으로 전개되었다.

라오서 기념관 © 조관희, 2009

라오서 기념관 내부 ⓒ 조관희, 2009

비록 문혁에 반대하는 세력의 저항이 없지는 않았지만, 이제 사태는 걷잡을 수 없이 확대되었다. 같은 해 4월 18일 〈해방군보〉에 실린 사설에서는 그동안 벌어졌던 일련의 과정들을 '프롤레타리아 문화대혁명'으로 공식 규정했다. 5월 16일, 베이징에서 열린 중앙정치국 확대회의에서는 〈중국 공산당 중앙위원회 통지〉, 이른바 '5·16 통지'가 채택되어 공포되었다. 이것을 하나의 선전포고로 삼아 문혁에 반대하는 모든 세력에 대한 실제적인 투쟁이 벌어져, 학술계와 교육계, 언론계, 문학예술계, 출판계 등 전 분야에 걸쳐 철저한 비판이 자행되었다. '5·16 통지'는 운동 대상이 문화적 측면에서 정치권력적 측면으로, 베이징이라는 한 지역의 일에서 전 국가적인 사안으로 전환된 하나의 표지가 되었다.

같은 해 5월 29일에는 칭화 대학 부속중학교에서 최초의 홍위병 조직이 탄생했다. 이제 '운동'을 실제로 끌어가는 것은 물불을 가리지 않는 젊은 10대들의 마비된 이성과 집단적 광기였다. 7월 27일, 홍위병 대표단이 마오쩌둥毛澤東에게 공식적인 서한을 보내 자신들의 반란에는 그럴 만한 이유가 있다造反有理고 주장했다. 8월 1일, 마오쩌둥은 이들의 선언에 대해 열렬한 지지를 표명함으로써 힘을 실어 주었다. 8월 8일에는 당 중앙의 〈프롤레타리아 문화대혁명에 관한 결정〉(16개 조)이 발표되었다. 여기에서는 문혁을 '사회주의 혁명의 신단계'라 규정하고, 자본주의의 길을 걷는 실권파의 타도가 당면 목표라는 점을 강조하면서, 투쟁과 비판, 개혁을 호소했다. 8월 18일, 베이징 중심부 톈안먼 광장에서 프롤레타리아 문화대혁명 축하대회가 열렸는데, 전국 각지에서 올라온 이른바 '혁명적 대중'이 백만 명이나 운집했다. 이들은 《마오 주석 어록》을 손에 들고 "무산계급 문화대혁명 만세", "마오 주석 만세"를 외쳤다.

홍위병들은 거칠 것이 없었다. 그들은 광기에 사로잡혀 8월 20일 밤 톈안먼 광장에서 인근 번화가인 왕푸징으로 이동해 '광란의 파괴'를 시작했다. 중국의 유서 깊은 전통적인 사적지나 골동품점, 음식점, 고서점 등이 그 대상이 되었으며, 심지어 거리 표지와 상점 간판까지 멋대로 뜯어내고 거리 이름을 바꾸었다. 왕푸징은 '거밍다루革命大路'로, 외국 대사관들이 밀집해 있던 둥쟈오민샹東交民巷은 '판디루反帝路'로 바꾸었다. 이어서 대학교수나 작가, 예술가, 과학자, 종교인, 민주당파 인사 등 지식인들을 잡아내 '우귀사신牛鬼蛇神'이라는 팻말을 목에 걸게 하고 거리와 골목에서 조리돌림을 해 모욕을 주는 한편, 그들이 소장하고 있던 책과 자료들도 몰수하여 불살라 버리거나 파괴했다.

당시 라오서는 67세의 나이로 중국작가협회 부주석, 베이징 시 문학예술계연합회(줄여서 '문련'이라 부른다)의 주석직을 맡고 있었다. 그해 여름 라오서는 피를 토하고 쓰러져 병원에 입원했다. 시국이 시국인지라 몸을 사리느라 행동 하나하나를 조심해야 할 때였다. 라오서가 병원에 입원해 있는 동안 아무도 병문안을 오는 사람이 없을 정도였다. 라오서 역시 병이 낫기도 전에 퇴원해 운동에 참가해야 했다.

운명의 8월 23일, 라오서는 다른 작가, 예술가들과 함께 궈쯔졘國子監과 쿵먀오孔廟에서 홍위병들에게 비판을 받았다. 홍위병들은 도서와 경극 무대의상 등의 문물을 쌓아 놓고 불을 지르고는, 그 앞에 이들 문예계 인사들을 무릎 꿇렸다. 라오서는 책이 불타는 것을 보고 참지 못하고 불에 뛰어들었다. 그 순간 홍위병들의 가혹한 구타가 쏟아졌으며, 라오서는 피를 흘리며 군중들 앞에서 곤욕을 치렀다.

이걸로 끝이 아니었다. 라오서 일행은 다시 베이징 시 문련으로 끌려갔다. 여기서도 홍위병들은 라오서를 향해 그의 죄목을 하나하나 낭독하며 인정할 것을 요구했다. 라오서는 이 아이들에게 침착한 태도로 일일이 대답했다. 홍위병들은 그가 자신의 죄를 인정하지 않는다고 비판하면서 그를 모욕했다. 라오서는 더 이상 대답하지 않았고, 머리를 숙이지도 않았다. 그런 그에게 온갖 욕설과 구타가 쏟아졌다. 이때 놀라운 일이 벌어졌다. 라오서가 자리에서 일어나 자신의 죄상을 적은 팻말을 집어 들고 남은 힘을 다해 홍위병들에게 내던져 버린 것이다. 문혁의 광기가 전 대륙을 휩쓸고 지나갈 때 홍위병들에게 이 정도로나마 저항한 것은 라오서가 처음이자 마지막이었다. 이때 이미 라오서는 자신의 죽음을 예감했던 게 아니었을까? 라오서의 일갈에 잠시 멍했을 홍위병들은 즉시 라오서를 향해 무차별한 폭력을 휘둘렀다. 라오서는 하루 종일 그들의 구타에 시달리다 다음 날인 8월 24일 새벽이 되어서야 그의 부인 후졔칭의 간청으로 겨우 집에 돌아올 수 있었다. 그리고 몇 시간 뒤 다시 집을 나서 베이징 사범대학 남쪽에 있었던 타이핑 호太平湖로 향했다.

시간이 얼마나 흐른 걸까? 주위는 어둠에 잠겨 어둑해졌다. 하루 종일 미동도 않고 한자리에 앉아 호수만을 바라보던 라오서는 무언가를 결심한 듯 자리에서 일어나 호수 수면에 파문을 일으키며 가운데로 걸어 들어갔다.

1966년 8월 25일 오후 9시.

전날 오전 운동에 참가해야 한다는 말을 남기고 외출했던 라오서가 하루를 꼬박 넘기도록 나타나지 않아 애를 태우던 후졔칭은 누군가에게서 타이핑 호에 가 보라는 전화를 받았다. 가족들이 불길한 마음을 안고 한달음에 가 보니 라오서는 이미 세상을 뜬 뒤였다. 사인은 익사라 했지

공묘오에 있는 역대 왕조의 진사 급제자 이름을 새겨 놓은 '진사제명비'의 비문들은 홍위병들에 의해 훼손되어 아무것도 남아 있지 않다. © 조관희, 2014

填埋前的西外太平湖

1966 年 8 月 24 日凌晨老舍先生回到家中，清晨，年近古稀的老舍先生独自走出了这生活了十六年的丹柿小院。在北京城西北角外的太平湖畔，这位受人尊敬的教授，北京小胡同里成长起来的爱国主义作家，文学语言大师，人民文学艺术家度过了他一生最后的一天，入夜投湖……

라오서 기념관 내에 있는 옛 타이핑 호 사진. 타이핑 호는 현재 매립되어 사라졌다. ⓒ 조관희, 2014

만, 거적 속에 있는 시신은 물에 젖어 있지 않았고, 복부에도 물이 차 있지 않았다고 한다. 시신은 제대로 된 검시도 없이 곧바로 바바오산八寶山 공원묘지에서 소각되어 유골조차 남기지 않았다.

20세기 중국 현대문학사에 큰 족적을 남겼던 위대한 소설가 라오서는 이렇게 세상을 떠났다. 누구보다 베이징을 사랑했던, 누구보다 베이징어를 능숙하게 구사하여 소설을 썼던 대문호는 그의 파란만장한 삶을 이렇듯 비극적으로 끝냈던 것이다.

라오서의 죽음은 당시 수많은 희생자의 죽음 가운데 하나로 치부되어 사람들의 관심조차 끌지 못했다. 그러나 나라 밖에서는 그의 죽음을 애도하는 행사가 줄을 이었다.

흥미로운 것은 라오서가 그해 노벨 문학상 후보자로 선정되었다는 사실이다. 일설에 따르면, 그때 라오서는 가장 강력한 수상자로 거론되었다고 한다. 그러나 그의 돌연한 죽음으로 말미암아 사후 작가에 대한 수상은 전례가 없다는 이유로 수상이 취소되었다. 그럼에도 논의 끝에 어차피 아시아 쪽에 수상자가 나와야 한다는 결정이 내려져 그 대신 일본 작가 가와바타 야스나리川端康成, 1899~1972가 수상자로 결정되었다고 한다. 이러한 사실마저 당시 중국에는 알려지지 않았고, 그로부터 십수 년이 지나서야 이 사실을 알게 된 중국인들은 통탄을 금하지 못했다(이것은 라오서의 아들인 수이舒乙가 한 말로 여러 가지 정황으로 볼 때 현재는 그리 믿을 만한 설로 받아들여지고 있지 않다).

문혁이 끝나고, 1978년 초 라오서는 복권되어 '인민예술가'의 칭호를 회복했다. 라오서가 죽었을 때 서둘러 그의 시신을 화장했기 때문에 현재는 무덤조차 남아 있지 않은데, 나중에 바바오산 혁명공묘革命公墓에 그의 가묘가 만들어졌다. 이 무덤은 주변의 무덤과 확연히 구별되는데, 단지 검은빛이 도는 녹색 화강암 위에 그가 마지막으로 걸어 들어갔던 타이핑 호의 파문을 상징하는 무늬가 새겨져 있다. 그리고 그 밑에는 그가 생전에 사용했던 만년필과 붓, 안경과 한 통의 재스민 차, 그가 죽기 전에 입었던 피 묻은 옷 조각 등을 넣은 상자가 묻혀 있다. 세로로 세워진 벽 위에는 '책임을 다한 문예계의 하찮은 졸병 여기에 잠들다文藝界盡責的小卒, 睡在這里'라는 글귀가 새겨져 있다. 이것은 본래 라오서가 항전 시기에 자신의 각오를 밝히며 썼던 글귀에서 따온 것이다.

> 나는 문예계의 하찮은 졸병으로 십수 년간 날마다 책상과 작은 의자 사이에서 훈련을 해 왔다. 붓을 창으로 삼아 뜨거운 종이 위에 흩뿌렸던 것이다. 내 스스로 자부할 수 있는 것은 단지 나의 근면함뿐으로, 하찮은 졸병의 마음속에는 대장의 지략은 없지만, 하찮은 졸병이 해야 할 모든 것을 확실히 다 해냈다는 점이다. 이전에도 그랬고, 현재도 그러하며, 앞으로도 그러하기를 희망한다. 내가 묘에 묻히는 그날 나는 사람들이 작은 비석을 하나 세우고 그 위에 '책임을 다한 문예계의 하찮은 졸병 여기에 잠들다'라고 새겨 주기를 원한다.
> 我是文藝界中的一名小卒, 十幾年來日日操練在書桌上与小凳之間, 筆是槍, 把熱血洒在紙上. 可以自傲的地方, 只是我的勤苦; 小卒心中沒有大將的韜略, 可是小卒該作的一切, 我确是做到了. 以前如是, 現在如是, 希望將來

老舍　生于1899年2月 3日
　　　 死于1966年8月24日

胡絜青　生于1905年12月23日
　　　 死于2001年 5月21日

文艺界尽责的小卒, 睡在这里。

라오서 무덤 © 조관희, 2014

也如是. 在我入墓的那一天, 我愿有人贈給我一塊短碑. 上刻: 文藝界盡責

的小卒, 睡在這里

1997년, 라오서의 가족들은 자신들이 살고 있는 집을 국가에 유상으로 헌납하기로 결정했다. 이후 1998년에 이 집을 개수하는 데 착수했고, 1998년 10월에는 중국 공산당 중앙판공청과 국무원판공청이 '라오서의 옛집을 라오서 기념관으로 만드는 건'을 정식 비준했다. 1999년 2월 1일 라오서 탄신 100주년이 되기 전날 저녁, 라오서 기념관이 정식으로 개방되어 사람들을 맞이했다.

---

1 양둥핑 지음, 장영권 옮김, 《중국의 두 얼굴》, 펜타그램, 2008, 284쪽

2 최영애 옮김, 《루어투어 시앙쯔》, 통나무, 1989, 유성준 옮김, 《낙타상자》, 중앙일보사, 1989

3 C. T. Hsia, 《A History of Modern Chinese Fiction, 1917-1957》, New Haven: Yale University Press, 1961, p.165

4 양둥핑, 앞의 책, 295~296쪽에서 재인용

5 최순미, 〈라오서 장편소설 연구〉, 성균관대 중문과 박사논문, 1998, 12쪽

1. 라오서 기념관, 생가

| 라오서 기념관 위치

왕푸징에 있기에 찾아가기 쉬운 편이다. 왕푸징다제 북쪽으로 올라가다
보면 오른쪽에 왕푸징 성당, 일명 '동당東堂'이 보이고, 그다음 동서로 뻗
은 길이 덩스커우시제燈市口西街이다. 여기서 왼쪽으로 조금만 걸어가면 라
오서 기념관을 만날 수 있다. 기념관은 2014년 상반기에 새로 단장을 하
고 같은 해 8월부터 사람들을 맞이하고 있다.

라오서가 태어난 생가는 기록에 나와 있는 샤오양쟈후통小楊家胡同 8호 자
리에 그대로 남아 있다. 그러나 과연 이곳이 그의 생가가 맞는지에 대해
서는 확언할 수 없다. 아울러 샤오양쟈후통은 아주 작은 골목이며, 아무
런 표지도 없기 때문에 지도에서는 찾기 어렵다.

2. 팡쟈후퉁소학교

안딩먼다제

귀쯔졘

쿵먀오

융허궁다졔

융허궁

팡쟈후퉁

| 팡쟈후퉁소학교 인근 지도

라오서가 궁핍한 어린 시절을 보내고 처음으로 얻은 직장인 경사공립 제17소학교는 현재 팡쟈후퉁소학교로 명칭이 바뀌어 여전히 그 자리에 있다.

이곳은 원래 황제의 아들인 왕의 집, 곧 왕부王府였다. 이곳의 주인인 순군왕循郡王은 건륭의 셋째 아들이다. 청이 망한 뒤 이 집 역시 퇴락해 몇 차례의 우여곡절을 거쳐 소학교가 되었다. 그런데 베이징의 소학교는 어느 곳이나 학생의 안전을 위해 외부인 출입을 엄금하고 있기 때문에 안으로 들어가 볼 수 없다. 특기할 만한 것은 팡쟈후퉁소학교라는 현판을 라오서의 부인 후졔칭이 썼다는 사실이다. 아마도 이것은 라오서가 복권된 뒤 학교 측에서 후졔칭에게 부탁해 쓴 것으로 추정된다.

팡쟈후퉁은 유명한 궤쯔졘과 쿵먀오, 융허궁雍和宮이 밀집해 있는 지역과 그리 멀지 않은 곳에 있어 마음만 먹으면 쉽게 찾아갈 수 있다.

후퉁,
베이징 뒷골목을 걷다

3. 바바오산 혁명공묘

라오서의 죽음과 관련 있는 곳은 그가 죽었다는 타이핑 호와 그의 무덤이 있다. 앞서도 말했듯이 타이핑 호는 현재 매립되어 그 흔적을 찾아볼 수 없다. 무덤은 라오서가 복권된 뒤인 2005년 8월 23일, 아들인 수이舒乙를 비롯한 가족들이 참석한 가운데 정식으로 조성되었다.

그가 묻혀 있는 바바오산 혁명공묘는 우리나라 국립묘지에 해당하는데, 주로 중국 공산당과 군부에서 요직을 역임했거나 말 그대로 중국 혁명 당시 큰 공을 세웠던 사람들이 묻혀 있다. 이곳은 지하철 1호선을 타고 바바오산 역에서 내려 몇백 미터 정도 걸으면 나온다. 도심에서 많이 떨어져 있는 외곽 지대에 자리 잡고 있기 때문에 주변은 황량하고 오가는 사람도 별로 없어 고적하기 그지없다.

문제는 묘지에 도착해서인데, 워낙 넓은 지역에 많은 사람들이 묻혀 있기 때문에 라오서의 무덤을 특정해서 찾아가기가 무척 어렵다. 그나마 중국어가 가능한 사람은 일하는 사람들에게 물어물어 찾을 수 있겠지만, 그렇지 못한 경우는 제1구역에 가서 차근차근히 살펴봐야 한다.

| 바바오산 혁명공묘 정문

4. 라오서 차관

베이징에서 라오서와 관련 있는 명소 가운데 하나를 꼽으라면 라오서 차관老舍茶館을 빼놓을 수 없다. 이곳은 라오서의 대표작 가운데 하나인 〈차관〉이라는 극본을 테마로 삼아 인성시尹盛喜라는 사업가가 만든 일종의 공연장이다. 이곳에서는 말 그대로 차를 마시며 중국의 전통 기예를 감상할 수 있어 많은 관광객들이 찾는다. 베이징의 남대문에 해당하는 첸먼前門 인근에 있어 쉽게 찾아갈 수 있다.

| 라오서 차관 내에 있는 라오서 흉상 ⓒ 조관희, 2004

| 라오서 차관에 공연 모습 ⓒ 조관희, 2009

후통,
베이징 뒷골목을 걷다

| 라오서 차관 ⓒ 조관희, 2014

라오서
베이징을 사랑한 작가

캉유웨이와
량치차오
康有爲, 梁啓超

새로운 역사는 없다

캉 유 웨 이

량 치 차 오

BEIJING

1898년 9월 21일, 예부에서 올라온 문서를 읽으려고 중화전^{中和殿}으로 향하던 광서제^{光緒帝, 재위 1874~1908}는 신하들에 의해 중난하이^{中南海} 잉타이^{瀛臺}에 유폐되었다. 동시에 이허위안^{頤和園}에서 은거하다시피 하고 있던 시 태후^{西太后, 1835~1908}가 다시 권력의 전면에 나섰다.

같은 날 베이징 쉬안우먼^{宣武門} 남쪽 차이스커우^{菜市口}에 있는 난하이 회관^{南海會館}에도 병사들이 몰려들었다. 조용했던 회관은 갑자기 들이닥친 병사들로 이내 난장판이 되었다. 그러나 병사들의 소란은 소득이 없이 끝났다. 그들이 원했던 것은 캉유웨이^{康有爲, 1858~1927}를 체포하는 것이었으나, 그는 이미 이틀 전인 9월 19일 저녁 톈진^{天津}으로 피신했던 것이다. 다만 그의 동생인 캉광런^{康廣仁, 1867~1898}은 미처 피하지 못하고 그 자리에서 체포되었다.

캉유웨이의 제자인 량치차오^{梁啓超, 1873~1929} 역시 그 자리에 없었다. 량치차오는 인근의 류양 회관^{瀏陽會館}에서 탄쓰퉁^{譚嗣同, 1865~1898}과 함께 뒷일을 상의하고 있었다. 그러나 연이어 들어오는 급보에 두 사람은 이미 사세가 급변했다는 것을 알았다. 량치차오는 탄쓰퉁에게 함께 피신할 것을 제의했다. 하지만 탄쓰퉁은 이를 거절하고 자신의 서신과 원고 등을 량치차오에게 주며 일본으로 건너가라고 했다. 그는 다음과 같은 말을 남겼다.

"행동하는 자가 없으면, 장래를 도모할 수 없고, 죽은 자가 없으면, 나중에 기의할 때 호소할 바가 없게 된다. 不有行者, 無以圖將來, 不有死者, 無以召後起"

일본 공사관에서도 사람을 보내 그를 보호해 주겠다고 했으나, 그는 결연히 이를 거부하고 대의를 위한 희생양이 되겠다는 뜻을 밝혔다.

"외국에서는 변법을 하되 피를 흘리지 않은 적이 없었다. 오늘날 중국에는 변법으로 피를 흘린 자가 없었으니, 이는 이 나라가 크게 창성하지 못한 까닭이다. 이제 그리하는 자가 있을 것이니, 나 탄쓰퉁으로부터 시작하게 하라."

9월 24일, 탄쓰퉁은 류양 회관에서 의연하게 체포되었고, 나흘 뒤 캉광런과 양선슈楊深秀, 양루이楊銳, 린쉬林旭, 류광디劉光第 등과 함께 차이스커우의 형장에서 처형되었다. 사람들은 이들을 일러 '무술육군자戊戌六君子'라 하였으니, 처형되기 직전 탄쓰퉁은 이렇게 말했다 한다.

"도적들을 죽이고자 결심하였으나, 국면을 전환시킬 힘이 부족하여, 영광스러운 죽음의 길을 가게 되었으니, 통쾌할진저!有心殺賊, 無力回天, 死得其所, 快哉快哉!"

이에 앞서 량치차오는 일본 공사관으로 피신해 신변 보호를 요청했다. 마침 그곳에는 바로 직전인 6월에 총리직을 사임하고 조선을 거쳐 베이징에 와 있던 이토 히로부미伊藤博文, 1841~1909가 있었다. 이토 히로부미는 베이징에 도착한 뒤 캉유웨이를 만난 적이 있었는데, 그의 제자인 량치차오에게도 호감을 갖고 그의 탈출을 도왔다. 당시 일본 대리공사였던 하야시 곤스케林權助, 1860~1939는 량치차오의 변발을 자르고 양복을 입혀

현재는 탄쓰통 고거로 알려진 류양 회관 ⓒ 조관희, 2014

변장을 하게 한 뒤, 9월 22일 밤 삼엄한 경계망을 뚫고 일본 외교관과 함께 공사관을 빠져나가 톈진의 일본 영사관으로 피신시켰다. 25일에는 공사관을 빠져나와 탕구塘沽로 가는 배에 올랐다. 비록 청나라 군사의 방해가 있었으나, 청군이 조정에 사람을 보내 지시를 기다리는 사이 량치차오를 태운 배는 갑자기 속력을 높여 청군의 감시에서 벗어나 26일 새벽 탕구에 도착했다. 량치차오는 일본 군함 오시마 호大島號에 올라 일본으로 향했다. 캉유웨이는 앞서 톈진에서 영국 배를 타고 홍콩과 일본을 거쳐 캐나다로 망명했다. 이로써 이른바 '백일유신百日維新'이라고도 부르는 중국의 변법운동은 많은 아쉬움을 남기고 그 막을 내렸다.

1840년 아편전쟁 이후 약 50년간 중국은 서구 열강의 침략에 시달렸다. 산업혁명으로 자본주의가 최고조로 발달한 유럽 각국은 새로운 시장의 개척을 위해 약소국에 대한 식민지 쟁탈전에 돌입해 크고 작은 나라들을 병탄했다. 그러나 중국은 나라가 워낙 컸기에 어느 한 나라가 독식할 수 없어 여러 나라들이 마치 참외를 쪼개듯 과분瓜分했다. 나라 상층부는 썩을 대로 썩었으나, 중국의 지식인과 민중은 개혁을 통해 나라를 바로잡으려 했다. 이미 1861년 이후 양무운동이라 하여 서구 열강의 무기 체계와 시스템을 도입하려는 움직임이 있었지만, 이것은 단순히 하드웨어의 보강을 통해 강병을 실현한다는 이른바 '중체서용中體西用'의 원칙에 입각한 반쪽짜리 개혁이었다. 그러한 양무운동 역시 1894년 6월부터 1895년 4월 사이에 벌어졌던 청일전쟁의 패배로 무위로 돌아갔다.

그때까지 변방의 오랑캐 정도로 여겼던 일본에게까지 처절하게 패한 뒤 중국인이 깨달은 것은 개혁이 단순히 군함을 만들고 무기를 구매하는 것으로 끝나는 게 아니라는 사실이었다. 일본이 중국보다 부국강병을 이룬 것은 메이지유신을 통해 정치를 개혁하고 민간의 상공업을 일으켜 세웠기 때문이었다. 중국 지식인들은 이제 하드웨어뿐 아니라 나라의 소프트웨어라 할 수 있는 정치 개혁을 꿈꾸게 되었던 것이다.

캉유웨이는 1858년 광둥성 난하이 현南海縣(현재의 포산 시佛山市)에서 태어났다. 본명은 쭈이祖詒이고, 자는 광샤廣厦이며, 호는 창쑤長素, 밍이明夷, 경성更生, 시챠오산런西樵山人 등이다. 유명한 인사들이라면 으레 그렇듯, 그 역시도 어려서부터 재주가 남달랐다. 그 이면에는 엄청난 독서량이 그의 학식을 뒷받침했다고 볼 수 있다. 그는 책을 읽을 때 몇 권 읽었다고 하지 않고, 책의 두께로 '몇 치寸' 읽었다고 표현했다. 그렇게 많은 책을 읽었기에 캉유웨이는 이렇게 자부했다.

"서른 이전에 내 학문을 완성했고, 거의 모든 책을 읽었다. 그 후에는 별로 배울 것도 없고, 배울 필요도 없었다."

캉유웨이가 살았던 청 대에는 학풍이 주로 한漢 대의 고증학에 기울었던 데 반해, 그는 송명이학宋明理學을 공부했다. 그러나 나중에는 송명이학 역시 찬성하지 않았는데, 그것은 이학이 '쿵쯔孔子의 수신修身의 공부에 치우쳐 쿵쯔의 사상에 내재한 구세救世의 학문에 소홀했다'라고 여겼기 때문이었다. 1879년 이후에는 더더욱 경세치용經世致用의 학문에 빠져들었고, 홍콩에 다녀온 뒤로는 시야가 좀 더 넓어져 서양 학문에도 눈을 돌리게 되었다. 1882년, 캉유웨이는 베이징에서 회시會試를 보고 돌아오는 길에 상하이에 들러 자본주의에 눈을 뜨고, 서구 여러 나라의 정치제도와 자연과학에 대한 책을 수집했다. 이러한 공부를 통해 캉유웨이는 비로소 제국주의 국가들의 침략과 청나라 조정의 부패를 인식하게 되었고, 나라를 구해야 한다는 신념이 그의 가슴속에 자리 잡게 되었다.

1888년, 캉유웨이는 다시 베이징에 가서 과거에 응시했다. 이때도 급제는 못했지만 이 기회를 통해 광서제에게 상서를 올려 정치를 개혁하고 변법으로 유신을 할 것을 요구했다. 그러나 일개 서생에 불과했던지라 그의 상소는 황제에게 전달되지 못했다. 실망한 캉유웨이는 고향으로 돌아와 1891년 만목초당萬木草堂이라는 학교를 세워 자신의 변법이론을 전파하고 후학들을 양성했다. 캉유웨이는 이때 량치차오를 만났다.

량치차오梁啓超는 자가 줘루卓如이고, 호는 런궁任公이며, 인빙스주런飮水室主人, 아이스커哀時客, 중궈즈신민中國之新民, 쯔유자이주런自由齋主人 등의 호가 있다. 캉유웨이와 마찬가지로 광둥성 신후이新會에서 태어났다. 1889년 광둥성 향시에 급제해 거인(擧人, 향시 급제자)이 되었고, 이후 캉유웨이를 만나 그의 학식에 크게 감복하였다. 량치차오는 나중에 이때의 만남을 '찬물이 등에 쏟아지고, 머리를 한 대 세게 맞은 느낌'이었다고 술회한 바 있다. 두 사람의 나이는 15살 차이였지만, 당시 캉유웨이는 아직 수재 신분이었던 데 반해, 량치차오는 거인으로 그야말로 출셋길이 보장된 영민한 젊은이였다. 그럼에도 캉유웨이를 기꺼이 스승으로 모시고 '평생 배워야 할 학문은 지금부터 시작'이라고 여겼다. 1891년에 캉유웨이가 만목초당을 열자 량치차오는 그곳에서 공부하며 그의 사상을 받아들여 개혁과 유신을 주장했다. 그로부터 세상 사람들은 두 사람을 병칭하여 '캉량康梁'이라 불렀다. 그러나 이후 두 사람 사이의 관계는 시류에 따라 한열寒熱이 갈마들었다.

후통,
베이징 뒷골목을 걷다

이 시절에 캉유웨이는 《신학위경고新學僞經考》와 《공자개제고孔子改制考》라는 두 권의 책을 썼다. 전자가 봉건 시대에 신성불가침으로까지 여겨졌던 몇몇 경서들을 후대의 위서라고 통박한 것이라면, 후자는 종래에 보수주의자로 여겼던 쿵쯔를 민주주의와 평등을 주창한 진보주의자로 그려 낸 것이었다. 비록 그 내용은 논란의 여지가 많았지만, 중요한 것은 당대에는 이러한 개혁 정신이 필요했다는 사실이다. 량치차오 역시 그러한 캉유웨이의 입장을 높이 평가하고 그를 떠받들었다. 그러나 권력을 쥐고 있던 완고한 수구 세력들은 이들을 불온시했고, 캉유웨이의 저작을 이단으로 폄훼했다. 그럼에도 만목초당에는 갈수록 많은 청년들이 모여들었다. 그야말로 '만 그루의 나무를 키워 나라의 동량으로 만들겠다'라는 애초의 취지가 무색하지 않을 정도였다.

1895년에 청일전쟁이 청나라의 패배로 끝나고, 4월 17일 청나라 정부를 대표한 리훙장李鴻章이 일본 총리 이토 히로부미와 시모토세키에서 굴욕적인 조약을 맺었다. 비슷한 시기에 베이징에는 회시에 참가하고자 각 성의 거인들이 대거 모여들었다. 이들은 청 정부가 일본과 불평등조약을 맺었다는 소식을 듣고 분통을 터뜨렸다. 캉유웨이와 량치차오 역시 이에 분노해 약 1만 2천여 자에 달하는 상소문의 초안을 작성했다. 일명 '만언서萬言書'라 불린 상소문은 '온 나라를 굴욕으로 몰고 간 화약을 거부하고拒和, 도읍을 옮겨 항전하며遷都, 변법을 통해 나라를 부강시키자變法'라는 내용이었다. 주위 사람들은 저마다 상소문에 이름을 올렸는데, 상소문을 전달하려면 반드시 도찰원都察院을 거쳐야 했기에 5월 2일 수많은 거인들이 도찰원을 향해 나아갔다.

이 사건은 중국 사회에 엄청난 파장을 일으켰다. 한漢나라 때의 관례

만목초당 © 조관희, 2013

万木草堂

先師孔子行教像

讀聖賢書

道德講堂
DAO DE JIANG TANG

—— 厚于德 诚于信 ——

主办单位：
越秀区精神文明建设委
大塘街道党工委
大塘街道办事处

协办单位：
万木草堂

崇尚名節

에 따라 거인은 과거를 치를 때 관용의 마차를 의미하는 공거公車를 타고 들어왔기에, 이 청원운동은 '공거상서公車上書'라 불렸다.

캉유웨이는 이때 치러진 과거시험에 급제해 진사가 되었고, 6품 벼슬인 공부주사工部主事를 제수받았다. 일개 서생이 아닌 조정 관원으로 직접 상소를 올릴 수 있는 신분이 된 것이다. 이에 그때까지 조정 신하들 손에 이리저리 떠돌던 만언서가 광서제에게 전달되었다. 이후에도 캉유웨이는 몇 차례 더 상소문을 올렸으나 조정 내 수구 세력의 방해로 황제에게 전달되지는 못했다.

이와는 별도로 캉유웨이와 량치차오는 강학회强學會를 조직하고, 뒤에 〈중외기문中外記聞〉으로 이름을 바꾸게 되는 〈만국공보萬國公報〉를 공동으로 발간했다. 당시 캉유웨이가 베이징에서 활발한 정치 활동을 펼쳤던 곳이 바로 난하이 회관이었다.

회관會館은 사전적인 의미로는 명, 청 대에 동향인이나 동업자들끼리 외지에서 서로 의지하고자 만든 일종의 단체를 말한다. 이것은 특히 수도인 베이징에서 많이 발달했는데, 주로 과거시험에 응시하려고 상경한 사람들 때문이었다. 명, 청 양대에는 모두 201차례의 과거시험이 치러졌는데, 이때 지방에서 매회 1만 명이 넘는 응시생들이 올라왔고, 그들을 수행한 인원 역시 만만치 않게 많았다. 회관은 이들의 숙식을 해결하고자 마련된 공간이었으니, 베이징에는 각각의 성 단위로 회관이 속속 세워져 베이징만의 독특한 환경을 만들었다.

난하이 회관의 철거 직전 모습 © 조관희, 2014

쉬랑광許烺光 교수는 베이징에 모여든 사람들을 가리켜 이렇게 말했다.

마치 할리우드에서 스타를 꿈꾸는 미국인 같다. (……) 베이징에 있는 각 성의 회관과 여관에는 늘 수천 명의 젊은이, 나이 든 야심가들이 모여들었다. 이들은 그곳에 장기 투숙하며 정부 요인이나 권력가들과의 만남을 기다리고 있었다. 언제 접견 내지 초빙의 기회가 올지는 몰라도, 일단 그 기회가 오면 하룻밤 사이에 출세의 꿈이 실현되기 때문이다.[1]

베이징의 회관들은 성격에 따라 대개 세 가지로 나뉜다. 하나는 동향의 관료나 향신들의 임시 거주지로 활용되던 곳으로, '시관試館'이라 부르는데 베이징에 있는 대다수의 회관이 이에 속한다. 다음으로는 쑤저우蘇州나 한커우漢口, 상하이 등 상공입이 발달한 도시 출신의 상공업자들을 위주로 한 일부 소수의 동향同鄕 회관이 있었다. 마지막으로 청 대에 들어와서 쟝시江西나 푸졘福建, 광둥 등에서 옮겨 온 이주민들이 세운 동향의 이민移民 회관이 있는데, 주로 쓰촨四川 지역을 중심으로 발달했다. 초기에 베이징에 세워진 회관은 앞서 말한 대로 주로 지역을 위주로 세워진 동향 조직이되, 상공업자는 극히 적었다. 그러나 명 대 중엽 이후에는 상공업자들로 이루어진 회관이 대량으로 출현했다. 이런 회관들은 지역성이 비교적 옅어지기는 했으나 그래도 대다수는 동향의 동업자들을 위한 회관이었다.

중국 현대사에 등장하는 유명 인사들 역시 고향이나 근거지를 떠나 베이징에 오면 으레 회관에 자리를 잡았다. 1912년 신해혁명 이후 쑨원

현재는 경극 공연장으로 유명한 후광 회관은 베이징의 회관을 대표하는 명소다. ⓒ 조관희, 2014

孫文, 1866~1925이 베이징에 올라왔을 때도 동향인들이 세운 후광 회관湖廣會館에서 그를 위한 환영식이 열렸다. 이곳과 관련이 있는 인물들이 가장 많은데, 명나라 명재상인 장쥐정張居正과 청 대의 학자 지윈紀昀, 쩡궈판曾國藩, 장타이옌章太炎 등을 꼽을 수 있다. 루쉰과 저우쭤런에 대해 이야기할 때도 밝히겠지만, 루쉰은 자신의 고향인 사오싱 회관에서 무려 8년이나 머물면서 수많은 작품들을 써 냈다. 그리고 1920년 2월 마오쩌둥이 잠시 베이징에 올라왔을 때는 자신의 출신지를 따라 후난 회관湖南會館에서 잠시 기거했다.

난하이 회관은 광둥성 난하이 출신 경관京官들이 구매해 동향인들이 베이징에 올라왔을 때 거주할 수 있는 공간으로 만든 곳이다. 캉유웨이는 1882년 과거시험을 보려고 처음 베이징에 올라왔을 때부터 1898년 무술정변으로 망명길을 떠날 때까지 16년간 이곳에서 살았다.

난하이 회관은 모두 13개의 독립된 가옥에 190여 칸의 방을 갖춘 대회관으로, 캉유웨이는 그 가운데 일곱 그루의 오래된 홰나무가 심어져 있어 '치수탕七樹堂'이라 불렸던 곳에 살았다. 캉유웨이는 난하이 회관을 바다에 비유하고, 자신이 머물던 방은 그 바다에서 아무런 구속도 받지 않고 자유롭게 떠다니는 한 척의 배로 여겨 '한만팡汗漫舫'이라 불렀다. 이곳이야말로 무술변법의 주인공인 유신파 인사들이 무람없이 오가며 구국의 방책을 숙의하던 근거지였던 것이다. 캉유웨이는 이곳에서 〈만국공보〉를 창간하고 변법유신을 선전하는 글과 황제에게 올릴 상소문 등을 집필했다. 나중에 그는 이 가운데 일부를 모아 《한만팡 시집》이라는 한 권의 책으로 엮어 냈다.

현재 난하이 회관은 원래 모습은 간 데 없고 100호가 넘는 사람들이

대잡원

살고 있는 대잡원大雜院이 되었다. 본래 베이징의 가장 보편적인 주거 형태인 사합원四合院은 한 가족이나 하나의 호구가 거주하던 공간이었다. 그러나 1949년 신중국 수립 이후, 특히 문혁 이후 하나의 사합원을 개조해 새로 방을 들이거나 해서 직업이나 신분, 나아가 경제적인 조건이 서로 다른 사람들이 모여 살면서 본래의 면모를 잃게 되었는데, 이것을 대잡원이라 부른다. 이것은 말 그대로 '크고 잡다하며 어지러운 정원大而雜亂的院子'이라는 의미이다.

그러나 이것이 끝이 아니었다. 2014년 5월 필자가 찾았을 때 이곳은 이미 예전 모습을 잃고 철거를 눈앞에 두고 있었다. 작금의 베이징 시 문물 보호정책은 두 가지로 확연하게 구분이 되는 듯하다. 곧 보호할 만한 가치가 있는 것은 이미 없어진 것을 복원해서라도 지켜 나가고, 그렇지 않은 것은 도시 개발을 위해 과감하게 철거하는 것이다. 도시 미관이나 주민들의 일상생활에서의 편의 등을 고려할 때, 베이징 도심의 후통들은 너무 낡아 새롭게 정비해야 할 필요가 있는 게 사실이다. 문제는 베이징이라는 도시의 역사성이다. 오랜 기간 한 나라의 수도로서 기능해 왔기 때문에, 도시 곳곳에는 그러한 역사의 흔적들이 오롯이 남아 있다. 따라서 도심의 재개발은 새로운 주거환경의 창출이라는 현실적인 문제와 역사 문물의 보존이라는 이상이 충돌할 수밖에 없는 하나의 딜레마인 것이다.

불행하게도 난하이 회관은 보존의 손길에서 벗어나 도심 재개발의 대상으로 전락해 버렸다. 필자가 이곳을 찾았을 때 이미 주변은 철거가 시작되어 인적을 찾아볼 수 없었다.

오래된 나무들만 여전히 그늘을 드리우고 있는 길을 걸어 난하이 회

난하이 회관 가는 길에 걸려 있는 '원冤' 자 걸개 ⓒ 조관희, 2014

난하이 회관 대문 ⓒ 조관희, 2014

난하이 회관 내부 ⓒ 조관희, 2014

관으로 가는 길에 뜻밖의 광경을 마주했다. 원통하다[屗]는 뜻으로 걸개를 내걸은 것이다. 결국 도심 재개발의 현장은 어디나 다를 게 없었다. 이 걸개를 내걸었던 사람은 도대체 보상금을 얼마나 받았기에 저리도 원통한 심정을 가눌 길 없었던 것일까? 이곳에 살던 사람들은 어디로 내몰려 새로운 보금자리를 꾸렸을까? 그나저나 난하이 회관은 아직까지 제 모습을 간직하고 있을까?

필자는 이내 난하이 회관을 찾을 수 있었다. 난하이 회관은 그 앞길보다 지대가 낮은 곳에 위치해 있어 길가에서 보면 아래로 푹 꺼져 있는 듯이 보인다. 비스듬히 경사진 길을 내려서니 다행히도 아직 철거의 손길이 미치지 않았다. 그리고 몇 사람인가 드나드는 걸 보아서 아직 이곳에 살고 있는 사람이 전혀 없지는 않은 듯이 보였다.

그러나 세월의 무게를 이기지 못하고 퇴락한 채 남아 있는 집안 곳곳의 모습은 을씨년스럽기 그지없었다. 원래 있었을 내문은 사라진 지 오래고, 그 문을 받치고 있던 북 모양의 문돌쩌귀는 벽돌더미와 함께 아무렇게나 방치되어 있었다.

앞서도 말했듯이 100가구가 넘는 많은 사람들이 살았던 대잡원이 된 난하이 회관 내부는 옛 모습을 전혀 가늠할 수 없을 정도로 황폐해져 어디가 캉유웨이가 기거했던 치수탕인지 분간할 수 없었다.

필자는 집안 이곳저곳을 돌아다니며 정신없이 사진을 찍었다. 아마도 이것이 난하이 회관의 마지막을 기록하는 사진이 될 것이라 생각하니 새삼 가눌 길 없는 애잔함이 가슴속 깊은 곳에서 밀려와 한동안 그곳을 뜰 수 없었다. 얼마 전까지만 해도 이곳에서 아이들이 뛰어놀고 이웃 간에 은원[恩怨]이 오갔을 것이다. 무엇보다 캉유웨이를 비롯한 변법 유신의 인사들이 이곳에 모여 망해 가는 왕조의 명운을 놓고 열띤 논쟁을 벌이며 비분강개했을 것을 생각하니 절로 탄식이 흘러나왔다.

1897년 6월 16일, 독일이 쟈오저우만膠州灣을 강점했다. 캉유웨이는 재차 상소문을 올렸으나, 이 역시 황제에게 전달되지 못했다. 이에 실망한 캉유웨이는 모든 것을 포기하고 베이징을 떠나려 했다. 그러나 이때 뜻밖의 사태가 벌어졌다. 변법을 지지하고 있던 호부상서 웡퉁허翁同龢가 캉유웨이를 광서제에게 추천하고 직접 난하이 회관을 방문해 캉유웨이를 만난 것이다. 이듬해 1월에는 광서제가 캉유웨이에게 변법에 대한 의견을 진술하게 하니, 이에 캉유웨이는 〈응조통주전국절應詔統籌全局折〉이라는 상주문을 올렸다. 이것은 캉유웨이가 올린 여섯 번째 상주문으로, 그동안 주장했던 변법 개혁의 대강이 서술되어 있었다. 그러나 이것 역시 곧바로 황제에게 전달되지 못했고, 한 달 남짓의 시간이 지난 3월에야 황제의 손에 들어갔다. 그동안 캉유웨이는 량치차오와 함께 보국회保國會를 조직해 구국운동을 벌였다.

1898년(무술년) 6월 11일, 광서제는 〈명정국시明定國是〉라는 조서를 내려 정식으로 변법을 선포했다. 6월 16일에는 이허위안頤和園 친정뎬勤政殿에서 광서제가 캉유웨이를 직접 만나 변법에 대한 그의 생각을 들었다. 캉유웨이의 의견에 크게 감복한 광서제는 그를 총리아문장경總理衙門章京이라는 관직에 임명하고 변법을 실행에 옮기게 했다. 이것이 이른바 무술변법의 시작으로, 캉유웨이를 필두로 그의 제자인 량치차오와 탄쓰퉁 등이 관직에 임명되어 변법의 구체적인 방안들을 펴 나갔다. 그 주요 내용은 서구 열강들을 학습하되, 그들이 부강해진 원동력이 되었던 과학 기술을 제창하고, 정치와 교육제도를 개혁하며, 농업과 상공업을 발전시키는 것이었다.

그러나 그러는 동안 시 태후를 비롯한 수구파는 자신들의 권력을 잃을까 저어해 변법파를 축출하고 황제까지 폐위하려는 계획을 세우고 있었다. 가장 먼저 수구파의 움직임을 알게 된 광서제는 캉유웨이에게 대책을 세울 것을 지시했다. 그러나 실제 군사력을 장악하고 있지 못한 캉유웨이 등 변법파에게 달리 특별한 대책이 있을 리 없었다. 그런데 당시 신건군新建軍을 장악하고 있던 위안스카이袁世凱, 1859~1916는 변법파가 세운 강학회를 후원하고 있었다. 믿을 곳은 오직 하나 위안스카이밖에 없다고 여겼던 변법파는 그에게 시 태후와 그의 심복이었던 즈리 총독直隸總督 룽루榮綠를 죽여 달라고 부탁했다. 전하는 말로 변법파를 내표해 그를 만나러 갔던 탄쓰퉁은 위안스카이에게 부탁하면서, 만약 그가 자신들과 뜻을 달리한다면 자기를 죽여 달라고 했다. 그때 위안스카이는 오히려 정색하며 말했다.

"내가 룽루를 죽이는 것은 개 한 마리를 죽이는 것과 같은 것이니, 이 일은 모두 내게 맡겨 주시오. 내가 모든 책임을 지겠소. 그러면 황상께서는 마음을 놓으실 수 있을 것이오."

그러나 위안스카이는 결국 그들을 배신하고 그다음 날 톈진으로 가서 룽루에게 고해 바쳤다. 이에 놀란 룽루는 즉시 베이징에 가서 시 태후에게 보고했다. 이 급박한 순간에 낌새를 눈치챈 광서제는 끝까지 변법파 인사들을 지켜 주려 했다. 광서제는 조서를 내려 캉유웨이에게 베이징

후통,
베이징 뒷골목을 걷다

1898년 10월 4일, 상하이 광후이러우에서. 앞줄 왼쪽에서 첫 번째가 량치차오, 맨 오른쪽 합장을 한 이가 탄쓰퉁이다.

을 떠나게 했다. 결국 1898년 9월 19일 저녁, 캉유웨이는 난하이 회관에서 모임을 갖고 동생인 캉광런과 량치차오에게 잠시 베이징에 남아 사태를 관망하라고 부탁하고, 그다음 날 새벽에 기차를 타고 톈진으로 떠났다. 캉유웨이는 몇 차례 위험한 고비를 넘긴 끝에 영국인의 도움으로 상하이에 도착했고, 홍콩을 통해 일본으로 탈출했다.

그 뒤로 캉유웨이와 량치차오가 걸어간 길은 사뭇 달랐다.

광서제에게 큰 은혜를 입었다고 생각한 캉유웨이는 자신의 호를 다시 태어났다는 의미에서 '경성^{更生}'으로 바꾸고 평생 입헌군주제를 주장했다. 이듬해인 1899년 캐나다로 간 캉유웨이는 황제를 보호한다는 의미의 보황회^{保皇會}를 조직했는데, 원래 명칭은 '대청광서황제회^{大淸光緖皇帝會}'였으며, 일명 '중국 유신회^{中國維新會}'라고도 하는 '한 개의 기구, 두 개의 이름'을 내걸었다. 캉유웨이는 쿵쯔를 존중하고 유교를 국교로 삼는 한편, 서구식 민주 혁명을 반대했다. 그는 자신의 생각을 전파하고자 미국과 영국, 프랑스, 이탈리아, 그리스, 이집트, 브라질, 멕시코, 일본, 싱가포르, 인도 등 약 30여 개국을 돌아다니며 각국 군주를 만났다. 그러나 1908년 광서제와 시 태후가 잇달아 사망하자 그의 목표는 사라졌고, 이에 캉유웨이는 '상징적 황제의 공화제'를 주장하며 보황회 역시 '국민헌정회'로 이름을 바꾸었다.

그러나 일본으로 간 량치차오는 달랐다. 쑨원 등과 밀접한 관계를 맺으며 깊은 영향을 받았지만, 혁명은 반대하고 개량수의적인 입상을 취했다. 일본에 머무는 동안 량치차오는 〈청의보^{淸議報}〉와 〈신민총보^{新民叢報}〉를 발행하는 동시에, 서구의 사회, 정치 학설을 대거 소개해 당시 지식인들에게 큰 영향을 주었다. 신해혁명이 일어나자 량치차오는 귀국해 위안스카이의 승인하에 민주당과 공화당, 통일당을 합병해 진보당을 세우고, 쑨원이 영도하는 국민당과 정치권력을 놓고 싸웠다. 애초에 량치차오는 위안스카이에게 큰 기대를 걸었다. 그래서 위안스카이가 쑨원에게 대권을 양보받은 뒤인 1913년에는 위안스카이 휘하에서 사법총장을 맡았다. 그러나 위안스카이가 황제 자리에 오르려 하자 그와 결별하고 차이어^{蔡鍔}와 함께 위안스카이를 토벌하겠다는 계획을 세웠다. 결국 1916년에 위안스카이는 황제 즉위에 실패한 채 죽고, 돤치루이^{段祺瑞}가 정권을 잡았다.

이렇듯 량치차오가 시류에 편승해 부침을 거듭하는 동안 캉유웨이는 여전히 '충군보황忠君保皇'이라는 뜻을 버리지 못하고 사람들에게 냉대받았다. 그러다가 1917년 당시 총통이었던 리위안훙黎元洪이 돤치루이 등 다른 군벌들과 권력투쟁을 벌이는 중, 중재자를 자처한 장쉰張勳이 베이징에 들어와 퇴위한 황제 푸이溥儀를 복위시키는 정변을 일으켰다. 캉유웨이는 이것을 하늘이 준 기회라 생각하고 20여 년간 떠나 있던 베이징으로 돌아왔다. 그는 장쉰을 도와 푸이의 황제 재즉위 조서의 초안을 잡고, 대국민대회와 의회 법안 등 각종 조서의 기초를 잡았다. 그때 량치차오는 전제주의로의 복귀를 극력 반대하는 입장을 취하고, 돤치루이를 대신해 장쉰을 토벌하는 통신문을 작성했다. 한때 사제 관계이자 동지였던 두 사람은 이렇게 서로의 길을 걸어갔던 것이다.

결국 군벌들이 장쉰에 대한 토벌에 나서 장쉰을 체포 구금하자 황제 복위는 해프닝으로 끝났다. 캉유웨이는 다시 곤경에 빠져 미국 대사관으로 몸을 피했고, 량치차오는 돤치루이 정권에서 재정총장 겸 염무총서독판鹽務總署督辦이라는 직책을 수행했다. 그러나 1917년 쑨원이 호법운동을 벌여 돤치루이 내각이 무너지자 량치차오 역시 사직하고 정계를 떠났다. 그 뒤 량치차오는 유럽으로 가서 서구 사회의 진면목을 직접 체험한 뒤 서구 사회 역시 수많은 문제와 폐단을 안고 있다는 결론을 내렸다. 그리하여 귀국 후에는 서방 문명은 이미 파산했다고 선언하면서 중국의 전통문화를 드높이는 한편, 동방의 고유한 문명으로 세계를 구하자는 주장을 펼쳤다.

이후 두 사람은 별다른 접촉 없이 각자의 길을 걸었다. 실의에 빠진 캉유웨이는 이곳저곳을 떠돌며 기녀들과 놀아나는 등 허랑방탕한 세월을 보내며 가산을 탕진해 말년에는 매우 곤궁한 상황에 빠졌다. 량치차오는 1926년에 발병한 요혈증으로 고생하다 오진으로 멀쩡한 오른쪽 신장을 떼어 내는 수술을 했다. 나중에 다른 한의사의 치료로 건강을 회복했다고는 하나 완전히 치료가 된 것은 아니었다.

그해 추석 무렵 캉유웨이가 베이징으로 돌아온 뒤 두 사람은 재회했다. 그들은 난하이 회관에서 무술정변 때 희생되었던 무술육군자를 기렸다. 과거의 은원이야 두고두고 할 말이 많았지만, 두 사람은 비감한 심정에 그저 탄식을 이어 갈 따름이었다.

이듬해 3월 31일, 캉유웨이가 칭다오에서 세상을 떠났다. 그리고 6월 2일에는 칭화 대학^{淸華大學} 교수인 왕궈웨이^{王國維}가 학교 근처에 있는 이허위안의 쿤밍 호^{昆明湖}에 몸을 던져 생을 마감했다. 그가 남긴 유서에는 이렇게 적혀 있었다.

> 50년의 세월, 그저 죽음만이 남았으니, 급변하는 세상, 의는 남아 있
> 지 않고 치욕만 이어지누나.
> 五十之年, 只欠一死. 經此世變, 義无再辱.

여느 뛰어난 인물들이 으레 그렇듯 왕궈웨이 역시 어려서부터 천재 소리를 듣던 영민한 학자였다. 그러나 그의 성향은 보수적이어서 청 왕조가 멸망한 뒤에도 청의 유신^{遺臣}을 자처하며 변발을 고집했다. 결국 그의 죽음은 봉건 왕조의 몰락으로 인한 비관 때문이라 할 수 있으며, 그런 의미에서 그 옛날 미뤄수이^{汨羅水}에 빠져 죽은 우국 시인 취위안^{屈原}에 비견될 만하다.

량치차오 묘 ⓒ 조관희, 2007

결국 캉유웨이와 왕귀웨이의 죽음은 2천 년간 이어진 봉건 왕조의 미성尾聲이 끊어진 것이라 할 수 있다. 이런 일련의 사건들이 량치차오에게도 영향을 주었던 것일까? 량치차오는 그 뒤로 정상적인 작업을 할 수 없을 정도로 몸 상태가 악화되었다. 1929년 1월 19일, 량치차오는 베이징 협화의원에서 숨을 거두었다. 그의 시신은 베이징 서쪽 근교에 있는 샹산香山 인근에 묻혔다.

1 쉬량광,《미국인과 중국인(美國人與中國人)》, 화하출판사(華夏出版社), 1989/ 양동핑,《중국의 두 얼굴》, 펜타그램, 2008, 83쪽에서 재인용

1. 난하이 회관

| 난하이 회관 구지 위치

난하이 회관은 지하철 4호선 차이스커우菜市口 역에서 내려 남쪽으로 조금만 내려가면 찾을 수 있다. 그러나 독자들이 이 글을 읽을 때면 이미 완전히 철거되어 원래의 난하이 회관은 그 흔적이 없어졌을 것이다. 그래도 실망할 필요는 없다. 난하이 회관이 있던 지역은 명, 청 대에 여러 지방의 회관들이 밀집해 있던 곳으로, 난하이 회관 말고도 유명 인사들이 머물렀던 다른 회관들이 많기 때문이다.

2. 베이거우옌후통, 량치차오 고거, 량치차오 서재

| 량치차오 고거와 서재

량치차오는 평생 여러 곳을 떠돌았기에 일정한 주거지가 없었는데, 1911년 일본에서 돌아온 뒤에는 톈진을 자신의 주거지로 삼겠다는 생각으로 이탈리아 조계지인 쓰마루^{四馬路}에 집을 짓고 인빙스^{飮冰室}라는 당호를 붙였다. 그 뒤로 량치차오는 자신의 호를 인빙스주런^{飮冰室主人}이라 부르기도 했다. 말년에는 베이징에 살면서 투병 생활을 했는데, 현재 둥청구 베이거우옌후통^{北溝沿胡同} 23호에 그의 옛집이 남아 있다. 이곳 역시 난하이 회관과 마찬가지로 원래의 모습을 잃어버려 그저 평범한 주거지가 되었다.

베이거우옌후통은 길가에 있는 후통이 아니라 골목 안쪽에 있어 찾아가기가 쉽지 않다. 일단 둥쓰 14탸오^{東四14條} 후통을 찾아 동쪽으로 한참을 들어가면 량치차오의 옛집이 있는 베이거우옌후통이 나오는데, 특이한 것은 그의 집 앞에 별도로 '량치차오의 서재'라는 팻말이 붙어 있는 집이 있다는 사실이다. 곧 량치차오가 살던 집故居과 서재가 좁은 골목을 사이에 두고 마주하고 있는 것이다. 그런데 필자가 그곳을 찾았을 때는 량치차오의 서재에는 그대로 팻말이 붙어 있었지만, 량치차오의 옛집에는 단순히 사합원이라는 팻말만 붙어 있을 따름이었다.

베이징에는 수많은 명인들이 살았던 집들이 여전히 남아 있는데, 대부분의 사합원들이 그렇듯 명인들이 살았던 집들 역시 대잡원으로 개조되어 원래 모습을 찾아보기 어렵다. 뿐만 아니라 그곳에 사는 사람들이 개인의 사생활 침해 등의 이유로 외부인들이 찾아오는 것을 무척 싫어한다. 량치차오는 중국에서도 알아주는 유명 인사이니 이곳을 물어물어 찾아오는 이가 얼마나 많았을까? 량치차오의 옛집이라는 팻말을 떼어버린 이유를 미루어 알 수 있을 것 같았다.

사합원이라는 팻말을 달고 있는 량치차오 고거 ⓒ 조관희, 2014

| 랑치차오 서재 ⓒ 조관희, 2014

| 개인집이니 들어오지 마세요
ⓒ 조관희, 2008

| 나를 찾아오지 마세요, 우리에게도 사생활이 필요답니다
ⓒ 조관희, 2009

차이위안페이
蔡元培

근대 교육의 선구자

차이위안페이

BEIJING

1919년 5월 4일은 쾌청한 일요일이었다. 베이징 한복판 톈안먼 앞에 사람들이 속속 모여들었다. 이들은 일본 제국주의 세력이 중국에 강제한 불평등조약인 이른바 '21개조' 요구에 대한 의분을 분출하고자 누가 먼저랄 것도 없이 톈안먼 광장을 찾은 것이었다. 누군가 '밖으로는 국권을 쟁취하고, 안으로는 매국노를 처벌하자外爭國權, 內懲國賊' 등의 구호를 외쳤다. 한껏 격앙된 군중은 분노를 표출할 출구를 찾고자 대오를 갖추고 서구 열강들의 공사관이 몰려 있는 둥쟈오민샹으로 몰려갔다. 그러나 이 지역을 지키는 군인들이 시위대를 제지했고, 대표 몇 명이 각국 공사관원에게 진정서를 전달하는 것만 허용되었다. 대표들이 구역 안으로 들어가 타협을 진행하는 동안 밖에서 기다리던 사람들의 마음은 점점 더 끓어올랐다. 이곳도 중국 땅이건만, 중국 인민들이 마음대로 들어갈 수 없다는 현실이 그들을 분노하게 했다.

그때 누군가 차오루린曹汝霖, 1877~1966의 집으로 가자고 외쳤다. 차오루린은 당시 외교부 차장으로, 굴욕적인 21개조를 받아들인 실무 책임자였다. 그의 집은 이곳에서 그리 멀지 않은 베이징 둥청구 자오탕쯔후통趙堂子胡同과 이어져 있는 자오쟈러우후통趙家樓胡同에 있었다. 자오쟈러우趙家

차오루린의 집터에는 당시 상황을 설명해 주는 기념비가 세워져 있다. ⓒ 조관희, 2014

樓는 명나라 융경隆慶 연간(1567~1572)에 원위안거文淵閣 대학사를 지냈던 자오원칭趙文淸의 집으로, 이곳에 한눈에 들어오는 누각이 있어 붙여진 이름이었다.

그러나 당시 차오루린은 이미 외교차장이라는 직책을 버리고, 다시 교통총장 겸 교통은행 총리 겸 재정총장의 직책에 임명되어 외교상의 책임을 모면하려 했다. 그런 사실을 알지 못했던 군중은 자신들의 분노를 풀고자 그의 집으로 향했던 것이다. 때마침 차오루린과 가깝게 지내던 주일 대사 장쭝샹章宗祥이 그의 집에 와 있었다. 사태가 급박하게 돌아가자 차오루린은 삼십육계 줄행랑을 놓고, 집에 남아 있던 장쭝샹은 사람들에게 구타를 당해 인사불성이 되었다. 더구나 누군가가 차오루린의 집에 불을 질렀다. 뒤늦게 경찰총감인 우빙샹吳炳湘이 경찰 병력을 대거 동원해 장쭝샹을 병원으로 데려갔다. 그러나 베이징에서 일어난 소요는 일시에 전국으로 퍼졌고, 각지에서 항의 시위가 잇달아 일어났다. 이른바 5·4 운동의 서막이 열린 것이다.

1911년 10월 10일 우창武昌에서 일어난 우발적인 사건으로 촉발된 신해혁명으로 진 시황 이래 2천여 년간 이어진 봉건적 전제주의 체제가 무너졌다. 이는 중국 역사 발전의 시각으로 볼 때 하나의 의미 있는 진전이다. 그러나 이로써 오랜 세월 쌓여 온 여러 병폐가 일시에 해결되었던 것은 아니었다. 봉건 왕조는 기나긴 시간 동안 많은 문제점을 중국 사회에 남겨 놓았으므로, 단순히 왕조의 붕괴만으로 중국 사회가 새로운 출발을 하기에는 많은 어려움이 있었다. 무엇보다 권력의 공백을 어떻게 메우느냐 하는 게 시급한 문제로 떠올랐다. 당시 정황에서 이를 감당할 인물로 쑨원과 위안스카이, 두 사람이 현실적인 대안으로 부상했다.

먼저 한발 앞서 나간 것은 쑨원이었다. 1912년 1월 1일, 쑨원이 난징南京에서 임시대총통에 취임했다. 그러나 그는 취임 즉시 위안스카이에게 청 황제의 퇴위, 공화제의 실시, 수도를 난징으로 하는 등 몇 가지 조건을 걸고 총통 자리를 넘겨주었다. 이것은 쑨원의 입장에서 볼 때 지극히 현실적인 선택이었다. 혁명을 위해 평생을 노력했지만, 쑨원의 중국 내 세력 기반은 너무나 취약했고, 권력을 지탱해 줄 무력도 전무한 상태였다. 그러나 다른 무엇보다 쑨원을 힘들게 한 것은 새로운 중국 사회 건설의 주역이 되어야 할 민중의 역량에 대한 심각한 회의였다. 쑨원은 당장 서구식 의회민주주의를 실현할 기반이 중국 내에 전혀 마련되어 있지 않다는 사실을 인정하지 않을 수 없었다. 그래서 향후 중국은 군대의 무력에 의한 통치를 의미하는 군정기軍政期를 거쳐 민중을 교육시키며 통치하는 훈정기訓政期로 나아간 뒤, 그들이 일정한 수준에 이르면 그제야 공화주의 헌법하에 진정한 자치기로 접어드는 헌정기憲政期에 도달할 수 있다는 중국 국가 건설의 '3단계론'을 제시했다.

비록 쑨원에게 양보받기는 했으나, 그에 앞서 위안스카이는 사실상 청의 마지막 황제인 선통제 푸이의 상유上諭로 전권을 위임받았다. 따라서 정통성이라는 측면에서 보자면 쑨원이 물러나지 않더라도 위안스카이가 청 왕조를 대신하는 인물이었다고 볼 수도 있다. 무엇보다 위안스카이는 자신의 군대를 갖고 있지 않았던 쑨원에 비해 북양 군벌이라는 막강한 무력 지원을 받고 있던 실력자였다. 그러나 쑨원을 대신해 정권

쑨원

위안스카이

을 잡은 위안스카이는 자신에게 맡겨진 새로운 중국 건설이라는 막중한 책무를 저버린 채 권력을 이용해 사리사욕을 채우는 데 온 힘을 기울였다. 위안스카이는 쑨원에게 한 약속을 쉽게 저버리고 황제 자리에 올랐다. 그러나 역사의 수레바퀴를 거꾸로 돌리려는 이 무모한 시도는 애당초 성공할 수 없는 것이었고, 실의에 빠진 위안스카이는 1916년 울분을 안고 병사했다.

한편 1914년 발발한 인류 최초의 세계대전은 중국을 둘러싼 여러 나라의 상황을 일거에 뒤바꾸어 버렸다. 이미 독점 단계에 접어든 세계 자본주의는 포화 상태에 이른 국내 시장을 떠나 해외 식민지 개척을 통해 새로운 시장을 만들었고, 19세기 말에는 지구상의 영토가 모두 제국주의 세력에 의해 분할되었다. 그리하여 후발 자본주의 국가인 독일 등은 새로운 식민지 개발이 어려운 상태에서 전쟁을 통해 식민지를 빼앗을 수밖에 없었다. 이렇게 일어난 제1차 세계대전의 결과 유럽은 승전국이건 패전국이건 큰 타격을 입을 수밖에 없었다. 그 틈을 타 청일전쟁과 러일전쟁의 승리로 새롭게 제국주의 세력의 반열에 오른 일본은 본격적으로 중국 침략에 나섰다.

한편 당시 중국에서는 위안스카이가 황제가 되는 데 필요한 무력 등을 갖추고자 많은 자금을 마련해야 했다. 1840년 아편전쟁 이후 서구 열강과의 거듭된 싸움으로 수많은 배상금을 지출해야 했던 청 왕조의 재정은 고갈 상태에 빠졌다. 그런 부실한 정부를 계승했기에 위안스카이는 어쩔 수 없이 1913년 국회의 승인도 없이 일본과 영국, 프랑스, 독일, 러시아 등 5개국으로 구성된 은행단으로부터 약 1억 달러에 이르는 거액의 차관을 들여왔다. 그 와중에 제1차 세계대전이 일어나자 서구 열

외국 사절단과 함께한 위안스카이

강으로부터 자금과 무기의 원조가 끊어졌다. 이때 위안스카이에게 손을 내민 것이 바로 일본이었다.

당시 외교부 차장이었던 차오루린과 주일 공사 루쭝위陸宗輿는 위안스카이의 명령으로 일본과 교섭을 진행했다. 일본은 원조를 제공하는 대가로 흔히 '21개조'라 약칭하는 요구 조건을 내걸었다. 그 주요 내용은 중국의 주권을 무시하고 중국의 정치와 재정, 군사 부문을 일본이 마음대로 하겠다는 것이었다. 당연하게도 이러한 일본의 시도에 당사자인 중국뿐 아니라 서구 열강들은 강력하게 저항했다. 그로써 조약 내용이 약간 수정되긴 했지만, 더 이상 양보할 수 없었던 일본은 최후통첩을 보냈다. 한시라도 빨리 황제 자리에 오르고 싶었던 위안스카이는 국회의 동의도 얻지 않고 일본의 요구를 받아들였다. 위안스카이의 사욕으로 나라를 통째로 일본에 팔아넘긴 셈이 된 것이다. 그러나 위안스카이의 황제 즉위는 내부 군벌 세력들마저 등을 돌리는 통에 성공하지 못했고,

곧이어 본인이 세상을 떴다. 하지만 그의 죽음으로 사태가 완전히 해결된 것은 아니었다. 외국에서 차관으로 끌어다 쓴 돈은 나랏빚으로 남았고, 위안스카이의 돌연한 사망으로 생긴 권력의 공백은 사회적 혼란을 야기했던 것이다.

어느 사회나 남보다 먼저 위기의식을 느끼고 그에 대한 해결책 마련에 부심하는 선각자들이 있게 마련이다. 이것은 중국 역시 마찬가지였으니, 위안스카이가 황제 자리에 오르고자 필사의 노력을 기울였던 1915년 9월 상하이에서 〈청년잡지〉라는 이름의 잡지가 천두슈陳獨秀, 1879~1942에 의해 창간되었다. 이 잡지는 초기에는 1천여 부 정도 발행되었다. 그러나 위안스카이의 몰락 이후인 1916년 9월 제호를 〈신청년〉으로 바꾸고 나서부터 당시 새로운 사상에 목말라했던 젊은이들의 절대적인 지지 속에 큰 영향력을 발휘했다. 부수 또한 폭발적으로 증가해 1917년에는 1만 5천 부까지 늘었다.

그즈음인 1917년 1월, 차이위안페이蔡元培, 1868~1940가 베이징 대학 교장(현재의 총장에 해당하는데, 당시 상황을 반영하고자 여기서는 그냥 교장으로 지칭한다)으로 취임했다. 그는 구식 교육을 받고 과거시험을 치러 진사에 급제했던 인물로, 망해 가는 왕조에서 벼슬을 하다 1907년 마흔 살의 나이에 독일로 유학을 떠났다. 그곳 대학에서 철학과 윤리학을 공부하다 신해혁명이 일어나자 지체 없이 독일을 떠나 중국으로 돌아왔다. 이듬해인 1912년 1월 1일 난징에서 중화민국 임시정부가 성립되자 초대 교육

총장(교육부장관)으로 취임해 〈보통교육잠행판법普通教育暫行辦法〉이라는 일종의 교육령을 입안하여 중국 최초로 근대 교육의 기틀을 마련했다. 또한 쿵쯔를 제사 지내고 경전 읽는 것을 폐지하는 한편, 여성의 교육 참여를 주장하는 등 서구식 교육제도를 적극 도입했다. 이때 베이징에 올라온 지 얼마 안 되는 루쉰魯迅이 차이위안페이의 권유에 못 이겨 교육부에서 일하기도 했다. 정권이 위안스카이에게 넘어가자 차이위안페이는 곧바로 자리에서 물러났다.

사직한 뒤 한동안 칩거하던 차이위안페이는 1913년 그의 나이 마흔여섯에 재차 프랑스로 건너가 3년간 학술 연구에 종사했다. 1916년에 위안스카이가 사망하자 해외로 망명을 떠났던 쑨원과 황싱黃興 등이 귀국길에 올랐고, 차이위안페이 역시 상하이로 돌아왔다. 그리고 같은 해 12월 26일 베이징 대학 교장이 되었다.

여기서 한 가지 흥미로운 사실은 베이징이라는 도시가 문화적인 면에서 진보적인 색채가 농후했다면, 정치적으로는 보수적이었다는 사실이다. 잘 알려진 대로 중국은 지리적으로 넓은 나라이기 때문에 지역 사이의 정치적 성향이나 문화적 취향 등이 크게 다르다. 거칠게 보자면 남방과 북방으로 나눌 수 있는데, 당시 남과 북은 여러 방면에서 재미있는 대조를 보이고 있었다. 정치적으로는 남방이 진보적이고 북방은 보수적이었으며, 문화상으로는 남방이 보수적이고 북방이 진보적이었다.

이를테면 신해혁명의 주역인 쑨원은 광둥廣東 출신이고, 마오쩌둥은 후난湖南 출신이었으며, 여성 혁명가 츄진秋瑾, 1875~1907은 저쟝浙江 출신으로 모두 남방 사람이었다. 하지만 문화적으로는 정반대였으니, 북방의 대표 격인 베이징 대학이 신문학운동을 주창한 문학혁명의 근거지였던 반면, 난징의 둥난 대학東南大學은 문학혁명을 반대하는 보수파의 근거지였다. 하지만 베이징 대학의 젊은 교수들이 역설한 신문학운동이 처음부터 사회적으로 큰 파장을 불러일으켰던 것은 아니었다. 처음에는 이들의 주장에 귀를 기울이는 사람이 아무도 없자 〈신청년〉 잡지의 편집자 가운데 한 사람인 류푸劉復가 왕징쉬안王敬軒이라는 가공의 인물을 내세워 문학개혁운동을 비난하는 〈문학혁명의 반향文學革命之反響〉이라는 제목의 글을 기고하고, 또 자신이 그에 답하는 글을 실었다. 이런 자가 발전의 노력에도 사람들의 반응은 여전히 차가웠다. 그러나 시간이 갈수록 이들의 주장에 공감하는 사람들이 늘어나자 그에 반대하는 목소리도 점차 커지기 시작했다.

먼저 포문을 연 것은 근대 초기 서구의 문학 작품들을 유려한 고문체로 번역해 중국의 근대화에 큰 영향을 주었던 린수林紓, 1852~1924[2]였다. 린수는 1919년 3월 18일자 〈공언보〉에 당시 베이징 대학 교장이던 차이위안페이에게 보내는 공개 서한인 〈차이허칭 태사에게 보내는 편지致蔡鶴卿太史書〉를 발표해 신문학운동 진영의 주장을 일일이 논박했다. 이어 린수와 함께 서구 저작들을 번역함으로써 서구 사상이 중국에 유입되는 데 지대한 공헌을 했던 옌푸嚴復, 1854~1927[3]도 별도의 글을 발표해 신문학운동에 반대하는 흐름에 동참했다.

여기서 신문학운동에 반대했던 주요 세력은 보수적인 국내파 학자들이 아니라 외국에서 유학한 최고의 지식인들이었다. 곧 후스胡適, 1891~1962와 마찬가지로 미국에서 유학하고 돌아온 메이광디梅光迪, 후셴쑤胡先驌, 우미吳宓와 영국과 독일에서 유학한 구탕성辜湯生, 일본과 영국에서 유학한 장스자오章士釗 등은 문학혁명에 극도의 반감을 갖고 반대하는 운동을 벌

우쓰다제의 베이징 대학 훙러우 인근에 있는 5 · 4 운동 기념비 ⓒ 조관희, 2007

蔡元培先生

許德珩敬題

1868—1940

여 나갔다. 이들 유학파들이 문학혁명에 반대했던 이유는 다음의 몇 가지로 요약할 수 있다. 첫째, 당시 유학생이라면 중국 최상층에 속하는 인물들이라 할 수 있는데, 이들은 문학이 평민 문학으로 평가절하되지 않고, 귀족 문학으로 추앙되기를 원했다. 둘째, 이들은 또한 말과 글이 일치되는 것言文一致에 강한 거부감을 갖고 있었으니, 글말인 고문古文은 영원히 변하지 않는 것이고, 입말인 백화白話는 시대에 따라 변하는 것이라 기록과 보존을 위해서는 글말인 고문이 사용되어야 한다는 것이다. 셋째, 결과적으로 이들은 글말인 고문이야말로 전통문화의 정수로 귀하게 보존되어야 할 문화유산이라고 여겼다.[4]

초기에 보수파 지식인들은 린수의 경우에서 보듯이, 베이징 대학 젊은 교수들의 주장에 일일이 대응하지 않고 베이징 대학의 교장이었던 차이위안페이를 집중적으로 비난하였다. 이들은 베이징 대학의 젊은 교수들이 그런 주장을 펴는 것이 학교의 총책임자인 차이위안페이가 그들을 옹호하고 있기 때문이라 생각했다. 따라서 우두머리 격인 차이위안페이를 공격하는 것이야말로 그들을 분쇄하는 지름길이라 여겼던 것이다. 그러나 차이위안페이는 전혀 굽히지 않고 오히려 문학혁명의 당위성을 역설하고 베이징 대학의 젊은 교수들을 옹호하는 내용을 담은 답신을 보내는 것으로 보수파의 공격을 막아 냈다. 이렇듯 뛰어난 식견과 흔들리지 않는 신념의 소유자였던 차이위안페이는 초기 베이징 대학의 기틀을 닦아 놓은 인물로 현재까지도 백 년이 넘는 베이징 대학 역사상 가장 존경받는 총장으로 남아 있다.

그런 차이위안페이가 처음 베이징 대학에 들어와서 강조한 것은 학술 사상의 자유였다. 차이위안페이는 이렇게 선언했다.

　"대학의 학생은 학술 연구를 천직으로 삼아야지 대학을 입신 치부를 위한 계단으로 삼아서는 안 된다."

　그러는 한편 당시 신사상을 전파하는 주요 매체 가운데 하나였던 잡지 〈신청년〉에 주목하고, 주요 필진들을 베이징 대학에 영입해 그 학풍을 쇄신하고자 했다.

　당시 베이징 대학은 현재의 위치에 있지 않았다. 지금의 베이징 대학은 이전의 옌징 대학 자리에 있었고, 당시에는 시내 중심가인 사탄^{沙灘}, 현재의 우쓰다제^{五四大街}에 교사가 있었다. 베이징 대학의 전신은 징스다쉐탕^{京師大學堂}으로, 본래 1898년 무술변법을 이끌었던 인사들이 세운 교육 기관이었다. 1900년 의화단 사건 때 베이징에 진주한 8국 연합군에 의해 파괴되었다가 신해혁명 후인 1912년 5월 학교 이름을 베이징 대학으로 바꾸고 옌푸가 초대 교장이 되었다.

　일찍이 영국 유학을 통해 서구 문물을 접한 바 있던 옌푸는 1895년 청일전쟁에서 청나라가 패하자 큰 충격을 받았다. 이에 그는 서양 저술들을 번역 소개해 세상을 깨우치고 외세의 침탈에 대비할 결심을 하고, 이후로 몽테스키외와 스펜서 등의 저작들을 중국어로 번역했다. 1912년에 쑨원에 이어 위안스카이가 임시대총통의 자리에 오르면서 자신과 교분이 있던 옌푸를 징스다쉐탕의 총감독으로 임명하는 한편, 징스다쉐탕 교명을 베이징 대학으로 바꾸었다. 그러나 옌푸가 베이징 대학에 재직

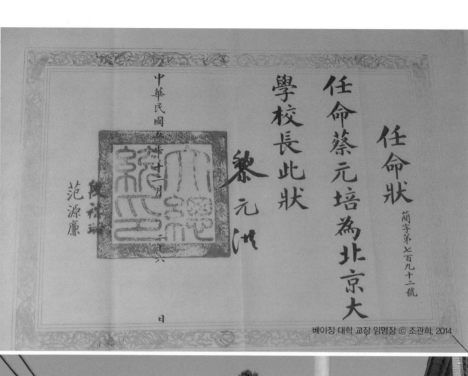

베이징 대학 교장 임명장 © 조관희, 2014

베이징 대학의 전신 징스대쉐탕이 있던 자리 © 조관희, 2007

SIDNEY GAMBLE
TOGRAPHS, 1917-1932
西德尼·甘博摄影图片展

현재 우쓰다제에 있는 엣 베이징 대학 홍러우 © 조관희, 2014

한 것은 불과 8개월에 지나지 않았다. 그럼에도 옌푸는 이 기간에 의미 있는 몇 가지 조치를 취해 초기에 자리를 잡지 못한 베이징 대학의 지위를 지켜 냈다. 그 한 가지는 당시 정부 관직을 겸직했던 교원들이 교학에만 힘쓰도록 겸직을 금한 것이고, 또 한 가지는 외국어 과정과 서구의 문화 사상을 소개하는 과목을 개설한 것이다. 그러나 무엇보다 중요한 것은 당시 황제 등극이라는 사리사욕에 빠져 교육 문제를 등한시했던 위안스카이 정부가 재정이 없다는 이유로 베이징 대학을 없애려 하자 옌푸가 나서 이를 적극적으로 막아 냈다는 사실이다. 옌푸의 노력으로 베이징 대학의 폐지는 철회되었으나 이 과정에서 교육부 관리들과 척을 진 옌푸는 몇 가지 다른 이유로 말미암아 결국 그해 10월에 학교를 떠나야 했다.

이후에도 베이징 대학은 제대로 자리 잡지 못하고 그저 관리 양성소 정도의 의미만 갖고 지식인 룸펜들의 집합소 노릇을 하고 있었다. 이러한 베이징 대학의 학풍을 바로잡고 진정한 의미에서의 대학 모습을 갖추게 만든 것이 바로 차이위안페이였던 것이다. 사실 차이위안페이 이전에 다섯 명이나 되는 인물들이 베이징 대학 교장을 거쳐 갔지만, 그들은 모두 베이징 대학이 처해 있는 난국을 타개하지 못했다. 그래서 차이위안페이가 베이징 대학 교장에 취임한다는 소식을 들은 주변 사람들은 대부분 그의 명성에 누가 될까 저어해 만류했다. 그러나 차이위안페이는 결연히 부임했고, 본격적인 개혁에 착수했다.

그가 내건 베이징 대학 개혁의 주요 내용은 다음과 같다. 첫째 학생들의 관념을 변화시키고, 교사들의 대오를 정돈한다. 그 가운데 열심히 연구하고 가르치는 교원들은 초빙을 연장하고, 연구소를 발전시키며, 도

후통,
베이징 뒷골목을 걷다

서를 확충해 교수와 학생들의 연구 의욕을 이끌어 내고, 덕행을 연마한 다. 이를 위해 차이위안페이는 우수한 교수를 초빙하는 것이 다른 무엇보다 앞선다고 생각해 당시 지식계를 이끌던 많은 학자들을 학교로 끌어들였다. 그 가운데 한 사람이 그즈음 젊은이들로부터 폭발적인 관심을 받고 있던 〈신청년〉 책임자 천두슈였다.

> 내가 베이징에 도착한 뒤 먼저 의전醫專의 교장인 탕얼허湯爾和 군에게 베이징 대학의 상황에 대해 물었다. 그는 "문과 예과의 상황은 선인 모沈尹黙 군에게 물으면 되고, 이공과의 상황은 샤푸쥔夏浮筠 군에게 물으시면 됩니다."라고 말했다. 탕 군은 또 "문과 학장은 아직 정해지지 않았는데, 천중푸陳仲甫 군에게 청해 보시지요. 천 군은 현재는 두슈獨秀라고 개명하고 〈신청년〉 잡지를 주편하고 있는데, 확실히 청년들의 지도자가 될 만합니다." 그러면서 〈신청년〉 잡지 십여 권을 내게 보여 줬다. (……) 탕 군의 말을 들으면서 〈신청년〉을 뒤적이다 그를 초빙하기로 결심했다.
>
> _ 차이위안페이, 《베이징 대학에서의 나의 경력》[5]

그리고 미국 콜럼비아 대학에서 공부하고 있던 후스를 비롯해 중국 최초의 마르크스주의자 리다자오, 첸쉬안퉁錢玄同 등 다양한 성향의 인물들을 교수로 영입했다. 이를 통해 베이징 대학은 교수진의 면모를 일신하고 일시에 학문적인 성가를 높일 수 있었다.

1918년, 차이위안페이는 대학의 사명에 대해 다음과 같이 규정했다.

당시 베이징 대학을 대표하는 인물들인 쟝멍린, 차이위안페이, 후스, 리다자오

대학은 순수하게 학문을 연구하는 기관으로, 자격을 양성하는 곳으로 보아서는 안 되고, 지식을 판매하는 곳으로 보아서도 안 된다. 학자는 마땅히 학문 연구에 흥미를 가져야 하고, 더 나아가 학자로서의 인격을 양성해야 한다.

이것은 현재 시각으로 보면 지극히 당연한 구분이고 별로 새로울 게 없어 보이지만, 당시 베이징 대학 학풍으로 보자면 경천동지할 크나큰 변화라 할 수 있다. 곧 그때까지의 대학은 일반적으로 학생들이 관직을 높이고 돈을 버는 하나의 수단에 불과했고, 학술이나 연구 같은 대학 본연의 이념은 전혀 부재했다고 볼 수 있기 때문이다. 그래서 그때까지는 학생들도 대부분 현직 관료나 관료의 자제들로 채워졌고, 그러했기에 심지어 베이징의 유명한 기원에서 노는 이들 가운데 다수가 베이징 대학의 교원과 학생들이었다는 이야기까지 나돌 정도였다.

나는 역학관譯學館 시절부터 베이징 학생들의 습관을 잘 알고 있었다. 그들은 평소에 학문에 별다른 흥미가 없고, 단지 연한을 채운 뒤 그저 졸업장이나 받을 수 있게 되면 그뿐이었다. 교원들 자신도 열심히 공부하지 않고 첫 번째 강의를 그대로 인쇄해 학기마다 학생들에게 나누어 주고 강단에서 한 차례 읽으면 그뿐이었다. 학생들은 흥미를 느끼지 못해 자거나 다른 책을 봤다. (……) 특히 베이징 대학의 학생은 징스다쉐탕의 '영감'식 학생이 모습만 바꾼 것으로(처음 시작할 때 받았던 학생들은 모두 베이징의 관리들이었기에 학생들은 영감으로 불렸고, 감독이나 교원은 모두 '중당中堂'이나 '대인大人'으로 불렸다), 그들의 목적은 졸업에만 있는 게 아니라 졸업 이후의 출구에 특히 신경을 더 썼다. 그래서 학술만을 연구하는 교원은 그들에게 환영을 받지 못했다. (……) 만약 정부에서 일정한 지위가 있는 이가 강의를 겸하는 경우는 수시로 휴강을 하더라도 학생들로부터 많은 환영을 받았는데, 그것은 졸업 후에 그들이 의지할 든든한 선생님이 생기기 때문이었다.

_ 차이위안페이,《베이징 대학에서의 나의 경력》

차이위안페이는 이런 풍토를 일신해 대학을 학문 연구의 장으로 명확하게 바로잡았던 것이다. 여기서 한걸음 더 나아가 차이위안페이는 순수 학문과 응용 학문을 구분해, 순수 학문에 속하는 문과와 이과가 '학學'이라면, 현실에 대한 응용을 위주로 하는 법과나 상과, 의과, 공과, 농과 등은 모두 '술術'에 속한다 하여, '학'을 근간으로 하고 '술'을 줄기로 삼는 대학의 기본 뼈대를 완성했다.

이렇듯 차이위안페이가 서구 학문의 본령을 제대로 이해하고 이를 베이징 대학에 뿌리내릴 수 있게 한 것은 그의 유학 경험이 크게 작용했다고 볼 수 있다. 그는 평생 두 차례에 걸쳐 독일과 프랑스에서 각각 4년, 3년간 머물며 공부한 적이 있었는데, 이때 서구의 교육 사상과 서구 대학의 실상을 몸소 체험했고, 중국에 돌아와 현실에 적용시킬 수 있었던 것이다.

여기에 더해 차이위안페이가 주변의 시선이나 평가에 아랑곳하지 않고 자신을 뜻을 펼칠 수 있었던 것은 무엇보다 자리에 연연해하지 않았던 그의 성품 때문이기도 했다. 대학에서의 학문의 자유를 무엇보다 중요시했던 차이위안페이는 외부의 압력이 있을 때마다 과감하게 이에 맞

1933년 상하이에서. 왼쪽부터 아그네스 스메들리, 버나드 쇼, 쑹칭링, 차이위안페이, 루쉰

서 사직서를 제출했다. 그가 베이징 대학에 부임한 이듬해인 1917년 군벌 가운데 한 사람인 장쉰張勳이 제정帝政을 회복하려는 '복벽復辟'을 시도하자 차이위안페이는 시대착오적인 그의 행위에 항의하고자 당시 총통인 리위안훙黎元洪에게 사직서를 제출했다. 그러나 주변의 만류로 그는 계속 자신의 자리를 지켰다.

1919년, 5·4운동이 일어나자 정부는 학생들을 체포했다. 본래 차이위안페이는 학생의 정치 참여를 그리 달가워하지 않았다. 바로 전해인 1918년 학생들이 친일 매국 행위에 대한 청원 시위를 하려 할 때는 차이위안페이가 학생들을 막아서며 만류했다. 그의 생각은 학생들은 학교 안에서 학문의 추구를 최대 목적으로 삼아야 하며 어떤 정치 조직도 해서는 안 된다는 것이었다. 그러나 1919년 베르사유 체제로 중국의 국익이 심각하게 손상을 입자 차이위안페이의 생각도 바뀌었다.

제1차 세계대전이 끝나고 베르사유에서 강화회의가 열리자 중국 인민들은 이 회의에 많은 기대를 걸었다. 패전국인 독일이 점령하고 있던 산둥 지역은 당시 전쟁을 틈타 일본이 강점하고 있었는데, 중국인들은 회의에서 이곳의 권익이 중국으로 반환될 것으로 믿고 있었던 것이다. 그러나 그런 중국인들의 기대는 무참하게 깨지고 구독일이 누리던 갖가지 혜택과 권익은 모두 일본에게 돌아갔다. 이 소식은 신속하게 중국 내에 알려졌다.

급기야 5월 3일 새벽, 당시 둥탕쯔후퉁東堂子胡同에 살고 있던 차이위안페이 역시 이 사실을 알게 되었고, 이에 놀란 차이위안페이는 헌 정부에 대한 믿음을 잃고 지지를 철회할 수밖에 없었다. 그날 오전 차이위안페이는 베이징 대학 학생 대표들을 불러 상황을 설명하고, 나아가 교직원 회의를 소집해 시국에 대한 토론회를 열었다. 5월 3일 저녁 베이징 대학은 전체 학생대회를 소집해 다음 날 거리 시위를 벌일 것을 결의했다.

5·4 운동 기간에 차이위안페이는 경찰에 체포된 학생들을 구하려고 백방으로 힘써 결국 5월 7일 그들을 모두 석방시켰다. 그러나 이로써 정부의 미움을 사 면직당하는 상황에 놓이자 자기 한 사람만 자리에서 물러나면 모든 일이 해결될 것이라 생각하고 5월 9일 사직서를 내고 베이징을 떠났다.

그러자 베이징 내 다른 대학의 교장들도 차이위안페이를 지지하며 정부에 사직서를 냈다. 같은 해 6월 15일 차이위안페이는 〈다시 베이징 대학 교장을 맡고 싶지 않음을 선언함〉이라는 성명서를 발표했다.

> 나는 절대로 자유스럽지 않은 대학의 교장 노릇을 할 수 없다. 사상의
> 자유야말로 전 세계 대학의 통례이다.

그가 떠나자 학교는 또 다시 혼란에 빠졌고, 학생들은 수업을 거부했다. 베이징 대학 및 다른 대학의 교수와 학생들은 차이위안페이가 베이징 대학으로 돌아와야 한다고 청원을 넣었다.

결국 5·4 운동의 결과로 6월 28일 파리 강화회의에서 중국 대표단이 조약문에 서명하지 않고, 5·4 운동의 3적賊인 차오루린과 루쭝위, 장쭝샹이 파면되는 등 사태가 호전되자 차이위안페이는 베이징 대학으로 다

시 돌아왔다.

베이징 대학으로 돌아온 뒤 차이위안페이는 학생의 본분은 열심히 공
부하는 것임을 재삼 강조하고 교수회가 학교를 다스려 나가야 한다고
주장했다. 그렇게 해야만 교장 한 사람에 의해 학교의 운명이 좌지우지
되는 상황을 막을 수 있다는 것이었다. 여기서 한걸음 더 나아가 차이위
안페이는 남녀평등을 역설하는 한편, 1920년 2월 세 명의 여학생을 청
강생으로 받아들인 뒤 그해 가을에는 정식으로 여학생을 모집했다. 이
것은 중국 공립대학에서 여학생을 받아들인 선례가 되었다.

1920년, 차이위안페이는 유럽에 파견되어 프랑스 등지를 돌아보고 돌
아왔다. 그러나 1923년에 북양정부 교육총장 펑윈이彭允彝의 탈법적인 행
위에 불만을 품고, 다시 사직서를 낸 뒤 베이징을 떠났다. 그리고 가을
에는 유럽으로 떠나 연구와 저술에 힘쓰는 한편, 교육 사업을 일으키기
위한 작업에 몰두했다.

그러나 그의 뜻과 달리 베이징 대학 교장이라는 명의는 계속 유지되었고, 1927년 국민정부가 수립된 뒤 대학구제를 시행하면서 베이징 대학이 베이핑北平 대학구로 편입된 뒤에야 비로소 베이징 대학과 인연을 끊을 수 있었다. 그 뒤 차이위안페이는 국민당 정부 대학원 원장과 중앙연구원 원장 등을 역임하다가 항일전쟁 이후에 홍콩으로 이주했다. 그리고 1940년 그곳에서 병사했다.

1 츄진은 1875년 저장에서 고위 관리의 딸로 태어났다. 그는 어려서부터 시문은 물론, 경마와 무술을 익혔는데, 이는 '여자는 재능이 없는 것이 덕'이라고 여기는 시대에 그야말로 파격적인 일이었다. 그의 나이 20세가 되던 해, 아버지의 근무처인 후난으로 시집을 갔다. 당시 관습대로 부모 간의 혼담으로 정해진 신랑은 그 지방의 부호 가문 출신이었고, 이들 부부는 일남일녀를 둔 평온한 가정을 꾸렸다.

1903년, 남편이 관직을 돈으로 사면서 가족은 베이징으로 옮겨 갔다. 이때부터 츄진의 눈에는 중국의 나약한 모습과 청조의 쇠퇴가 한꺼번에 들어오기 시작했다. 또한 매일 대나무 발이 드리운 창가에서 책을 읽으며 소일하다가 남편의 친구와 그 부인의 자유분방한 사고를 접했다.

1904년 여름, 츄진은 마침내 가정의 안락한 삶을 박차고 일본으로 향했다. 일본에서 그는 글도 쓰고 강연도 하면서 유학생의 혁명 활동에 점차 깊숙이 몸담았다. 당시 일본에 산재한 많은 혁명단체 중에서 쑨원이 이끄는 동맹회가 점차 구심점으로 떠올랐고, 그는 1905년 동맹회에 가입하여 본격적인 혁명 대열에 섰다. 유학 초창기에 그가 열렬히 주장했던 것은 전족의 폐지였다.

귀국해서는 일시나마 교단에 섰으나 츄진이 주장한 여성신장론은 학교는 물론, 학부모에게 거센 반발을 불러일으켜 교단을 떠날 수밖에 없었다. 이때 그는 사회 계몽의 필요성을 절실하게 느끼고 상하이로 활동 무대를 옮겨 〈중국여보(中國女報)〉를 창간했다. 잡지는 단지 두 번 발간된 뒤 폐간되었으나, 그는 좌절하지 않고 더욱 적극적인 행동을 실천하기 시작했다. 즉 무장투쟁으로 혁명을 앞당기자는 것이었다. 그는 후난으로 돌아가 각지의 무장 조직과 연계를 맺으며 동시다발적인 봉기 계획을 세웠다. '한족의 부흥과 국권을 회복하자'라는 구호를 내걸고 몇 군데에서 봉기했으나 전부 실패했고, 주축이 된 인물들은 죽임당했다. 이로써 무장봉기 계획이 완전히 노출되었고, 정부에서는 츄진을 비롯한 나머지 인물들까지 체포하려 했다. 급박한 상황에 주위 사람들이 그에게 피신을 권유했으나 이를 거부하고 다음과 같이 말했다.

"내가 지옥으로 가지 않으면, 누가 지옥으로 가겠는가? 삶과 죽음이란 기러기의 털과 같은 것, 인생을 여기까지 살았으니 무엇이 문제인가?"

츄진과 동료 30여 명은 정부군 300여 명에 맞서 단검을 들고 저항했으나 탈출에 실패하고 체포당했다. 그리고

1907년, 그는 혹독한 고문에 시달리다가 '가을바람 가을비로 수심에 싸인다秋風秋雨愁煞人'라는 글귀를 남긴 뒤 비공개로 참수당했다.

2 린수는 푸젠성(福建省) 출신이며, 자는 친난(琴南), 별호와 필명은 렁홍성(冷紅生) 외 다수가 있다. 1893년 프랑스에서 귀국한 친구에게 알렉상드르 뒤마가 쓴《춘희》를 듣고, 그것을 번역하여《파리(巴黎)다화녀유사 (茶花女遺事)》라는 제목으로 출판한 이래, 1911년 신해혁명까지 150여 편의 외국 소설을 번역했다. 당시 린수 가 옮긴 작품은 셰익스피어, 대니얼 데포, 조나단 스위프트, 찰스 디킨스, 빅토르 위고 등 서양 근대문학을 망 라한다.

린수는 외국어를 몰랐기 때문에 공역자가 옮긴 것을 직접 듣고 고문(古文)으로 고치는 방식으로 작업했다. 따 라서 엄밀히 말하자면 그의 작업을 번역으로 보기는 어렵고 어색한 부분도 있었다. 하지만 서양 문학을 청 말 기 중국에 소개했다는 데 큰 역할을 했으며, 근대 중국의 많은 문학자가 소년 시절에 임역소설(林譯小說)을 읽 고 서양 문학을 접한 경험이 있다.

한편 린수는 1910년부터 1920년대 초에 걸친 문학혁명 당시 구어 사용을 반대한 대표적 문학자이기도 하다.

3 옌푸는 푸젠성 허우관(侯官) 출신으로, 자는 유링(又陵), 호는 지다오(幾道)이다. 푸저우 선정학당(船定學 堂)에서 공부한 뒤 해군 기술을 공부하고자 영국으로 유학을 떠났으나 오히려 서유럽의 학술과 사상을 공부 하는 데 더 큰 관심을 보였다. 귀국 후에는 북양수사학당(北洋水師學堂) 총교습(總敎習)으로 있으면서 통청 파(桐城派)의 문인 우루룬(吳汝倫)에게 문장을 공부했다. 청일전쟁 이후에는 서유럽의 학술과 사상을 소개하 고, 논문들을 발표하여 청 말 개혁운동에 많은 영향을 미쳤다. 당시 옌푸가 번역한 작품에는 헉슬리의《진화 와 윤리》, 몽테스키외의《법의 정신》, 애덤 스미스의《국부론》등이 있으며, 특히 진화론을 바탕으로 혁명 대 신 점진적인 변화를 통한 사회 개혁을 주장했다. 그러나 의화단 운동 이후 그의 개혁론은 급변하는 정세와 맞 지 않아 점차 현실과 대립하였으며, 이후 위안스카이를 지지하고, 5·4 운동에 반대하는 행보를 보이면서 젊 은 지식층의 반감을 샀다.

4 김시준,《중국현대문학사》, 지식산업사, 1992, 90쪽

5 쟈즈팡 주편(主編),《현대산문감상사전(現代散文鑒賞辭典)》, 상하이사서출판사(上海辭書出版社), 2003

1. 차이위안페이 고거

| 차이위안페이 고거 위치

차이위안페이는 평생을 청빈하게 살았고, 이곳저곳 옮겨 다니느라 제대로 된 자기 집도 마련하지 못했다. 그가 베이징에서 거주한 것은 베이징에서 관직 생활을 할 때와 베이징 대학 교장으로 근무했던 1917년부터 1923년까지였다. 당시 그가 살았던 집이 몇 군데 있는데, 그중에서도 둥청구 둥탕쯔후통의 집이 공식적으로 그의 고거로 인정받고 있다. 이곳은 본래의 베이징 대학 위치와 그리 멀지 않고, 1919년 5월 3일, 즉 5·4 운동이 일어나기 바로 전날 학생회의가 열렸던 곳 역시 가까운 거리에 있었다.

현재 문화보호단위로 지정되어 있는 차이위안페이의 집은 본래 모습을 잃고 개조된 것이다. 앞서도 말한 바와 같이 차이위안페이는 청빈하게 살았기 때문에 그가 살던 집 역시 낡고 협소했다. 원래 주소는 둥탕쯔후통 33호였는데, 현재는 75호와 77호 두 개의 집으로 분리되었다. 그뿐 아니라 나중에는 정원에까지 집들이 들어서서 많은 사람들이 모여 살았다.

베이징 도시 계획이 진행되면서 많은 후통들이 재개발의 열풍을 피하지 못했다. 차이위안페이의 옛집 역시 2000년 말 철거될 뻔 했으나 사회 각계의 반대로 주변의 집들은 모두 철거되는 와중에도 그의 집만큼은 보존될 수 있었다. 개발과 보존은 세계 어느 대도시나 부딪히고 있는 문제이다. 멀리는 800년 이상 거슬러 올라가는 수많은 베이징 후통의 운명역시 크게 다르지 않으니, 후통의 개발과 보존은 쉽게 해결책이 나올 수없는 미묘한 문제 가운데 하나다. 그러나 역사에 큰 족적을 남긴 인물들의 흔적을 보존하는 것은 단순히 한 개인에 대한 기억을 되살리는 것을넘어서는 가치를 갖는다.

| 차이위안페이의 옛 집 © 조관희, 2014

2. 차오루린 저택

| 차오루린의 저택 자리

5·4 운동의 기폭제가 되었던 차오루린의 저택이 있던 곳은 차이위안페이의 옛집이 있는 둥탕쯔후퉁에서 동쪽으로 이어진 자오탕쯔후퉁趙堂子胡同 인근에 있는데, 이곳은 현재 아파트로 바뀌었다. 지금은 그날의 역사를 생생하게 전해 주는 작은 비문만이 그 앞에 무심히 세워져 있다.

| 차오루린의 저택이 있던 곳은 아파트 단지로 바뀌었다. ⓒ 조관희, 2014

리다자오
李大釗

중국 최초의 마르크스주의자

리다자오

BEIJING

둥쟈오민샹은 그 길이가 3킬로미터에 이르며, 베이징 후통 가운데 가장 긴 후통으로 알려져 있다. 청 건륭제 때에는 이곳에 영빈관을 세워 외국 사절단의 숙소로 삼았고, 아편전쟁 이후에는 영국과 러시아, 독일, 프랑스 등이 이곳에 대사관을 세웠다. 특히 1901년 의화단의 난 이후 열강들과 맺은 신축조약辛丑條約으로 이 거리에서는 중국인의 거주가 금지되었고, 청 정부는 국가 권력을 행사할 수 없게 되었다. 한편 거리의 이름도 아예 스관제使館街, 곧 '대사관의 거리'로 바뀌었다.

중국 침략을 본격화한 서구 열강들은 이곳에 자신들의 은행과 교회당을 세우고, 심지어 병영과 연병장까지 만들었다. 러시아 역시 현재 중국 최고인민법원이 있는 자리에 대사관을 짓고 인근에 자신들의 병영과 연병장을 갖고 있었다. 러시아 혁명 이후 이곳의 관할권은 소련 정부로 넘어갔는데, 병영은 무관처武官處로 바뀌고 몇 개의 사무 기구를 설립했다. 1921년 중국 공산당이 창당된 뒤에는 군벌들로부터 안전을 확보하고자 중국 공산당 북방위원회 지도부가 이곳에 자리 잡고 활동하고 있었다.

1927년 4월 6일 오전, 베이징 주재 외국 대사관들이 밀집해 있는 둥쟈오민샹에 수상한 이들이 속속 몰려들었다. 그들은 인력거꾼이나 거리의 행인 행색을 하고 있었지만, 뭔가 심상치 않은 눈빛을 주고받으며 때를 기다렸다.

정오 무렵이 되자 한 무리의 경찰과 실탄을 장착한 총을 든 헌병들이 나타나 옛 러시아군 병영이었던 소련 대사관 서쪽의 중동철로판공처^{中東}鐵路辦公處 아관위원회俄款委員會와 원동은행遠東銀行 건물을 에워쌌다. 동시에 그때까지 주위를 배회하던 인력거꾼과 행인들이 일제히 붉은색 실을 가슴에 달아 표지로 삼고 군경을 따라 건물로 들어가 대대적인 수색 작업을 벌였다.

건물 건너편에 있는 네덜란드 대사관에서 펑톈奉天계 군벌 장쮀린張作霖의 안국군安國君 총사령부 외교처장 우전둥吳震東이 직접 이 작전을 지휘했다. 대낮부터 심야까지 계속된 수색 작업 끝에 체포된 이들은 모두 80여 명에 이르렀다. 여기에는 중국 최초의 마르크스주의자이자 중국 공산당 창당을 주도했던 리다자오李大釗, 1889~1927가 포함되어 있었다. 리다자오의 체포는 곧 중국 공산당 북방위원회의 붕괴를 의미하는 것으로, 일대 사건이었다. 리다자오가 체포 구금되자 당시 제1차 국공합작으로 국민당과 우호적인 관계에 있던 중국 공산당은 바로 성명을 내 장쮀린의 폭거를 비난하고 체포된 인사들의 즉각적인 석방을 요구했다. 그러나 당시 중국 공산당 사람들은 이것이 바로 며칠 뒤에 일어날 이른바 4·12 쿠데타의 전조라는 것을 모르고 있었다.

옛 소련 대사관이었던 이곳은 현재 최고인민법원으로 바뀌었다. ⓒ 조관희, 2008

신해혁명 이후 중국의 지도자로 떠올랐으나 막상 군사력을 갖고 있지 못했던 쑨원은 결국 위안스카이에게 몇 가지 조건을 달고 대총통의 지위를 양보했다. 그러나 위안스카이는 약속을 어기고 자신이 황제가 되려고 했다가 실패하고 1916년에 사망했다. 이후 정국은 각지에 할거하고 있는 군벌들의 손에 좌지우지되는 상황에 놓였다. 그들에 맞서고자 쑨원이 택한 것은 1917년 러시아 혁명으로 새롭게 등장한 소련과의 협조였다. 이후 쑨원은 공산당과 우호적인 관계를 맺고 급기야 국민당과 중국 공산당의 합작을 결행하기에 이른다. 이것이 제1차 국공합작이다. 그러나 1925년 3월 쑨원이 중국 통일의 꿈을 이루지 못하고 간암으로 사망하자, 상황은 급변했다. 평소 공산당을 믿지 못했던 쟝졔스가 중국 공산당과의 관계를 끊고 독자적인 노선을 걸어가기로 결심했던 것이다.

자본가 계급과 서구 열강의 지지를 받고 있던 쟝졔스가 노동자, 농민 등 피지배 계급의 이익을 대변하는 중국 공산당과 협력을 한다는 건 애당초 기대할 수 없는 일이었다. 당시 국민당은 우파와 좌파로 나뉘어 각각 난창南昌과 우한武漢에 근거지를 두고 서로 대립하고 있었다. 1927년 3월, 우한에서 국민당 제3차 전국대표대회가 열렸다. 여기서 쟝졔스의 국민혁명군 총사령관 직위를 폐지하고, 그를 군사위원회 위원 가운데 한 사람으로 격하했다. 이것은 쟝졔스에 대한 명백한 도발로, 양자 간의 관계는 돌이킬 수 없는 지경에 이르렀다. 바로 이즈음 상하이에서는 노동자들의 총파업이 일어났는데, 파업을 주도한 지도부에는 중국 공산당 중앙의 지령으로 새로운 활동 장소를 찾아 상하이로 잠입한 저우언라이周恩來도 있었다. 상하이를 장악하고 있던 군벌인 쑨취안팡孫傳芳의 군대는 이 총파업을 무자비하게 진압했고, 결국 총파업은 일시적인 소강상태에 빠졌다.

하지만 다음 달인 3월에 접어들자 군벌 군대가 상하이를 빠져나간 것과 동시에 쟝졔스의 국민혁명군이 상하이 근교인 룽화龍華까지 접근했다. 이를 틈타 다시 총파업이 감행되었다. 노동자들은 지난번의 실패를 거울삼아 철저하게 준비했다. 파업을 지키고자 5천 명의 순찰대가 조직되었는데, 노동자 출신인 구순장顧順章이 순찰대장을 맡았고, 저우언라이는 부대장이 되었다. 3월 24일, 노동자들이 상하이를 점령했고, 노동자들의 임시정부가 성립되었다.

바로 이날 난징에서는 국민혁명군이 시내에 진입하면서 영국과 미국의 영사관과 교회에 들어가 선교사를 살해하는 사건이 벌어졌다. 조사 결과 선교사를 살해한 것은 퇴각하던 펑톈奉天파 군벌 소속 병사로 판명되었으나, 이에 아랑곳하지 않고 영국과 미국, 프랑스, 일본, 이탈리아 등 5개국은 쟝졔스에게 항의했다. 이것은 명백하게 이 사건을 구실로 쟝졔스에게 좌파들로 구성된 우한 정부와 계속 협조할 것인지 그렇지 않으면 자기들 편에 설 것인지를 결정하도록 압력을 넣은 것이었다.

쟝졔스는 드디어 결단을 내렸다. 3월 말에 쟝졔스는 상하이에 들어와 외국인 조계 지역을 그대로 유지한다는 성명을 발표해 열강들을 안심시키는 한편, 노동조합 측에도 그들의 가열한 투쟁과 그 성과를 치하함으로써 양측 모두에게 우호적인 자세를 취했다. 그러나 실제로는 그런 와중에 노동자에게 우호적인 군대가 상하이 시외로 이동했고, 청방青幇 등 비밀결사 조직이 공진회共進會를 결성하여 프랑스 조계 형사주임의 집에 본부를 마련하고 있었다. 상하이 외국인 조계에는 3만 명의 외국 군대가 사전에 정보를 입수하여 대비하고 있었으며, 상하이 시내를 관통하

장제스

우한에 입성하는 북벌군

는 황푸 강黃浦江에는 군함 30척이 정박해 언제라도 응전할 태세를 갖추고 있었다.

운명의 4월 12일 새벽, 흰 완장을 두르고 푸른 옷을 입은 공진회 회원들이 중무장을 하고 노동자들의 집결지를 급습했다. 이른 새벽 미처 잠이 깨기도 전에 급습을 당한 노동자들은 속수무책으로 당했다. 순찰대원들의 저항은 쉽게 제압당하고, 많은 노동자들이 살해되었다. 부대장인 저우언라이는 쟝제스와 연합한 군벌 바이충시白崇禧의 군대에 체포되었으나 구사일생으로 탈출했다. 당시 저우언라이를 체포했던 장교가 일찍이 황푸 군관학교에서 그에게 배웠던 학생이었는데, 그때 저우언라이에게 가졌던 호의로 풀어 주었던 것이다.

다음 날인 4월 13일에는 상하이 시민과 노동자, 학생들이 이를 규탄하는 대중 집회를 열고 청원단을 구성해 사단사령부로 향했다. 그러나 그들을 기다리고 있던 것은 무차별적인 기관총 세례였다. 군인들은 총검으로 군중을 마구 살해해 순식간에 수백 명의 사람들이 죽고 부상을 당했다. 그 뒤로도 한동안 체포와 처형이 이어졌고, 상하이 시내에서는 모든 파업 행위가 금지되었다.

이것이 바로 이른바 4·12 쿠데타로, 이를 계기로 중국 공산당은 궤멸적인 타격을 입었다. 많은 인명 피해가 있었을 뿐 아니라 무엇보다 그때까지 힘들게 구축해 놓았던 노동조합이 회복 불가능할 정도로 붕괴했다. 이러한 일련의 사태에 분노한 국민당 좌파가 중심이 된 우한 정부는 4월 17일 쟝제스의 당적 박탈과 체포령을 의결했다. 그러나 쟝제스도 가만있지 않고 이를 맞받아 그다음 날인 4월 18일 난징에 국민정부를 수립했다. 이로써 국민당은 좌파인 우한 정부와 우파인 난징 정부로 양분

우한 시에 남아 있는 우한 정부 구지舊址 © 조관희, 2013

우한 정부 건물 내 회의실 ⓒ 조관희, 2013

되었다.

4·12 쿠데타로 정국은 한순간에 요동쳤고, 노동조합과 공산주의자들에 대한 탄압은 이제 전국적으로 퍼져 나갔다. 반공反共의 기치를 내건 한 줄기 광풍이 쟝졔스와 국민당 우파가 장악하고 있던 지역을 넘어서 북부 군벌들이 장악하고 있던 지역까지 휩쓸고 지나갔다. 그때까지 베이징 지역을 장악하고 있던 안후이安徽파 군벌의 지도자 돤치루이段祺瑞를 몰아내고 중국 북부 최대 군벌이 되었던 장쭤린이 4·12 쿠데타보다 며칠 앞서 리다자오를 비롯한 공산당원들을 체포해 처형한 것은 바로 이런 맥락에서 저지른 사건이었다.

중국에 마르크스주의가 소개된 것은 1917년 러시아 혁명 이후였다. 러시아 혁명은 인류 최초로 볼셰비키가 지도하는 노동자와 농민의 정권이 수립된 사례였고, 이 때문에 인류 역사에 미친 영향은 자못 심대했다. 그러나 러시아 혁명의 소식은 당시 중국 민중에게는 제대로 알려지지 않았다. 소수 지식인만이 봉건 왕조가 타도된 이후의 중국 역사를 이끌어가는 하나의 대안으로서 조심스럽게 혁명의 의미에 대한 암중모색을 진행했다. 그 지식인 가운데 한 사람이 바로 리다자오李大釗였다.

리다자오는 허베이 성河北省 러팅 현樂亭縣 사람으로, 1907년 톈진 북양법정전문학교北洋法政專門學校에 입학했다. 그곳에서 당시 외국인 교수로 근무했던 요시노 사쿠조吉野作造, 1878~1933의 강의를 들었다. 1913년에 학교를 졸업한 뒤 견문을 넓히고자 얼마 되지 않는 재산을 팔아 마련한 돈으로 일본에 건너갔다. 리다자오는 와세다 대학 정치본과에서 공부하며, 반反위 안스카이를 표방했던 잡지 〈갑인甲寅〉의 필자이자 편집자로 명성을 떨쳤다. 1915년 일본이 중국에 요구한 이른바 〈21개조〉가 세상에 알려지자 리다자오는 일본 유학생의 항의 투쟁에 참가했고, 이때 그가 기초한 〈전국의 어르신들에게 삼가 고하는 글警告全國父老書〉이 중국 전역에 전해지면서 일약 저명한 애국지사가 되었다.

1916년에 귀국한 뒤, 리다자오는 일본에서의 명성 덕분에 1918년 2월 베이징 대학 도서관 주임 및 경제학 교수로 취임할 수 있었다.

그런데 바로 전해인 1917년 세계사를 뒤흔든 일대 사건이 러시아에서 일어났다. 이것이 '10월 혁명'이라 일컫는 러시아 혁명이며, 혁명의 성공으로 전 세계 피압박 민족은 큰 충격을 받았다. 근대 초기 중국 지식인들의 관심을 사로잡았던 것은 과학Science과 민주Democracy라는 서구의 선진 사상이었다. 그러나 제1차 세계대전이 끝난 뒤 등장한 이른바 베르사유 체제는 결국 서구 열강들의 빚잔치로 끝나 버려 중국 민중에게 큰 실망감을 안겨 주었다.

전쟁 발발 당시에는 참전국들이 아시아와 아프리카 여러 나라에 전쟁이 끝난 뒤 독립과 자치, 주권 회복의 기회를 주겠노라고 약속했다. 영국 측의 팔레스타인 문제에 대한 맥마흔 선언(1915)과 밸푸어 선언(1917), 인도에 대한 몬터규 성명(1917) 등이 바로 그것인데, 이런 감언이설에 속아 많은 약소국들이 참전했다. 중국 역시 마찬가지였다. '참전 중국인 노동자參戰華工'라는 명목으로 러시아 동부전선에 약 8만 명, 프랑스 서부 전선에 약 10만 명이 내몰렸고, 그 가운데 상당수가 아까운 목숨을 잃었다.

전쟁이 끝나자 전승국들은 비밀리에 진행된 밀약을 통해 자본주의 열강의 지배 체제를 유지하고 강화해 나갔다. 그런 사실을 알 리 없는 식민지와 종속국 민중은 1919년 1월에 시작된 베르사유 강화회의에 많은 기대를 걸었다. 중국도 당시 서로 대립 관계였던 베이징 정부와 광둥 정부가 공동으로 사절단을 보냈다. 이들의 최대 관심사는 제1차 세계대전을 틈타 일본이 강점하고 있던 산둥 지역의 구독일 권익을 중국에 직접 반환하는 것이었다. 하지만 서구 열강들은 이미 일본이 영국과 프랑스, 러시아, 이탈리아 등에 해군을 지원하는 대가로 산둥 지역에 대한 독일의 권리를 일본에 무상으로 양도한다는 밀약을 맺은 상태였다. 여기에 일본 정부는 당시 유력한 군벌 가운데 하나인 돤치루이가 총리로 재직할 당시인 1918년 9월에 차관을 제공하는 것을 미끼로 산둥성에 대한 일본의 실질적인 권리를 공식적으로 인정하는 〈산둥성에서의 모든 문제 처리에 관한 교환 공문〉을 비밀리에 주고받았다는 사실을 공개했다. 결국 서구 열강들은 독일이 산둥성에서 행사했던 모든 권리를 일본에 이양했다.

이젠 중국이 당황할 차례였다. 적은 외부에 있지 않고 내부에 있었던 것이다. 사실상 일본이 대륙 진출의 교두보를 확보할 수 있었던 것은 다름 아닌 1915년 5월 7일에 위안스카이가 자신의 야욕을 채우고자 일본의 〈21개조〉 요구를 받아들였기 때문이었다. 그 이후로 중국 인민들은 5월 7일을 '국치일'로 삼고 해마다 이날을 기념하고 있었는데, 바로 그날이 코앞에 닥쳤다. 미구에 임박한 국치일을 맞이해 대규모 항의 집회를 열자는 쪽으로 여론이 모아졌다. 하지만 성급한 학생들은 그날을 마냥 기다릴 수만은 없었다. 5월 3일 베이징 대학에서 임시 학생대회가 열렸다. 회의에 참가했던 한 학생이 자신의 옷을 찢고, 그 위에 손가락을 깨물어 '칭다오를 반환하라還我靑島'라는 혈서를 쓰자 분위기는 더욱 격앙되었다.

다음 날인 5월 4일은 쾌청한 일요일이었다. 톈안먼 앞에는 3천여 명의 시위대가 모여들었다. 이들은 대오를 짜서 각국 공사관들이 모여 있는 둥쟈오민샹으로 몰려갔다. 하지만 시위대는 구역 내로 들어가지 못했고, 몇 명의 대표가 각국 공사관원에게 진정서를 전달하는 것만 허락되었다. 타협이 진행되는 동안 시위대의 감정은 격앙되었다. 무엇보다 자국 땅임에도 마음대로 들어갈 수조차 없다는 현실에 분노했다. 사람들은 베이징 시내 곳곳을 다니며 시위를 벌였다. 그리고 사태는 들불처럼 번져 나가 전국 각지에서 민중들이 들고일어났다. 이것이 곧 중국 현대사에서 큰 의미를 갖는 5·4 운동이다.

5·4 운동은 우리의 3·1 운동과 같은 맥락에서 일어났으며, 마찬가지로 제국주의 세력에 물리적인 타격을 입히거나 상황 자체를 뒤바꾸지는 못했다. 그러나 외견상 실패로 보이는 이 사건을 통해 다수의 중국 민중은 자신이 놓인 처지를 깨닫게 되었다. 베르사유 조약 체결의 막후 협상 과정을 지켜본 중국 민중은 서구의 선진 사상이라는 것이 결국 그들만을 위한 허울에 불과하다는 것을 새삼 인식했던 것이다.

새로운 돌파구를 찾던 중국 지식인들에게 얼마 전에 일어난 러시아 혁명은 신선한 충격으로 다가왔다. 이에 사회주의와 마르크스에 대한 저작이 새롭게 각광을 받게 되었다.

校返日七生學國愛師高京北之留拘被會大街遊界學京北日四月五年八國民華ᆞ

5·4 운동의 주축이 된 시위대

우리가 살고 있는 세상에는 언제나 사태의 진전을 남보다 앞서 깨닫는 사람, 곧 '선각자先覺者'가 있게 마련이다. 리다자오야말로 그런 의미에서 일종의 선각자라 불릴 만하다. 리다자오는 러시아 혁명이 일어난 다음 해인 1918년에 이미 마르크스주의에 주목하고 있었다. 러시아 혁명이 일어난 지 꼭 1년이 되는 1918년 10월, 그는 당시 지식인들 사이에 명망이 높았던 잡지 〈신청년新靑年〉 5권 5호에 〈볼셰비즘의 승리〉라는 논문을 실었다.

　　볼셰비즘이라는 말은 러시아인에 의해 만들어졌지만, 그 정신은 20세기 전 세계 인류 한 사람 한 사람이 마음속으로 깨달은 정신이다. 그래서 볼셰비즘의 승리는 20세기 세계 인류 한 사람 한 사람이 마음속으로 깨달은 정신의 승리다.

　러시아 혁명이 일어난 지 불과 1년 만에 리다자오는 이 혁명의 의미를 정확하게 꿰뚫고 있었던 것이다. 외견상 제1차 세계대전은 독일 군국주의에 대항해 서방 여러 국가들이 벌인 싸움이었다. 그러나 리다자오는 이 싸움이 단지 독일이라는 한 나라에 맞서 싸우는 것이 아니라고 여겼다. 곧 그는 제1차 세계대전은 차르의 전쟁이자, 카이저의 전쟁이며, 왕들의 전쟁이고, 황제들의 전쟁이며, 자본가 정부의 전쟁일 뿐 볼셰비키의 전쟁은 아니었다고 설파했다.

따라서 독일 군국주의를 이긴 것은 연합국이 아니라 독일의 각성한 인심이고, 독일 군국주의의 실패는 [당시 독일 왕가인] 호엔촐레른 가문의 실패이지, 독일 민족의 실패가 아니었다. 결과적으로 제1차 세계대전의 승리는 인도주의의 승리이고, 평화 사상의 승리이며, 공리의 승리이고, 자유의 승리이며, 민주주의의 승리이고, 사회주의의 승리이며, 볼셰비즘의 승리이고, 적기赤旗의 승리이며, 세계 노동자 계급의 승리이고, 20세기 새로운 사조의 승리였던 것이다.

_리다자오, 〈볼셰비즘의 승리〉, 〈신청년〉 5권 5호

곧 마르크스주의야말로 제1차 세계대전이라는 미증유의 일대 사건 속에서 세계 인민들이, 아니 중국 민중이 찾아낸 하나의 출구였던 것이다.

리다자오는 단순히 붓으로 관념을 희롱했던 나약한 지식인이 아니었다. 1918년 겨울, 리다자오는 베이징 대학 도서관에 있는 자신의 집무실에서 비공식 모임을 열고, 열 명 남짓한 학생, 직원들과 함께 작금의 정치 상황에 대한 토론을 진행했다. 그러다 모임은 마르크스의 《자본론》에 대한 본격적인 논의를 시작하면서, '마르크스주의 연구회'로 그 정체성을 확립했다. 연구회에 참여한 이들은 일본의 마르크스주의 경제학자 가와카미 하지메河上肇, 1879~1946의 연구서와 영문으로 된 《공산당선언》 등 외국 문헌들을 접하면서 서서히 유물사관과 계급투쟁, 프롤레타리아 독재와 같은 새로운 사상들에 젖어들었다.

흥미로운 것은 당시 젊은 마오쩌둥이 이곳에 있었다는 사실이다. 후난 제1사범학교를 졸업한 뒤 프랑스 유학을 알아보려고 잠시 베이징에 머물던 마오쩌둥은 후난 제1사범학교 스승으로 당시 베이징 대학 교

당시 베이징 대학 훙러우에 남아 있는 리다자오 집무실 ⓒ 조관희, 2009

수였던 양창지楊昌濟의 주선으로 베이징 대학 도서관에서 사서로 근무했다. 물론 당시 도서관장과 일개 사서라는 신분의 차이로 두 사람 사이에 어떤 교류가 있었던 것 같지는 않지만, 마오쩌둥 역시 이 모임에 종종 참석했고, 이에 따라 이 시기의 사상적 분위기를 틀림없이 직간접적으로 느끼고 있었을 것이다.

마르크스주의에 대한 사회적인 관심이 높아가자 베이징 대학의 학장이자 〈신청년〉 잡지를 주도적으로 이끌고 있던 천두슈는 1919년 5월, 리다자오가 총편집하여 〈신청년─마르크스주의 특별호〉를 발간하기로 결정했다. 여기에는 마르크스주의의 특정 개념에 대한 학구적인 분석이나 심지어 마르크스주의의 방법론에 대한 비판적 논의도 다수 섞여 있었다. 이것은 리다자오가 이끌고 있던 마르크스주의 연구회가 명칭 그대로 마르크스주의 이론을 연구하는 모임 그 이상이 아니었다는 사실을 시사한다. 여기에 실린 리다자오의 〈나의 마르크스주의관〉은 중국 최초로 유물사관과 계급투쟁론, 잉여가치설 등 마르크스주의의 기본 원리를 설명한 것이었다.

마르크스 사회주의 이론은 세 가지로 나눌 수 있다. 하나는 과거에 관한 이론, 즉 그의 역사론이며 사회 조직의 진화론이라고도 한다. 또 하나는 현재에 관한 이론인 그의 경제론으로, 자본주의 경제론이라고도 일컫는다. 그리고 나머지 하나는 장래에 관한 이론으로, 그의 정책론이며 사회주의 운동론, 즉 사회민주주의이다. 그의 특유한 유물사관을 떠나서 그의 사회주의를 생각한다는 것은 간단히 말해 불가능하다. 왜냐하면 그가 근거한 사관은 사회조직이 어떠한 근본 원인에 의해 변해 왔는가를 확정 짓는 것이며, 현재의 자본주의 조직은 머지않아 필연적으로 사회주의적 조직으로 넘어갈 것이라고 예언하고 있기 때문이다.

_ 리다자오, 〈나의 마르크스주의관〉

이렇듯 사회주의가 사상계의 주류가 되어 가자 신문화운동의 리더였던 지식인 사이에서도 분화가 일어나고 대립이 생겼다. 당시 베이징 대학 교수였던 후스는 일찍이 미국 콜럼비아 대학에서 당대 유명한 철학자였던 존 듀이로부터 교육학을 배우고 귀국해 학생들을 가르치고 있었다. 그는 〈신청년〉 초기에 유명한 〈문학개량추의文學改良芻議〉와 같은 글을 발표하며 신문화운동에 동참했으나, 천성적으로 온건주의자였기에 점차 사회주의에 경도되어 가는 사회적 분위기에 불만을 품었다. 이에 1919년 7월 〈매주평론每週評論〉 31기에는 〈문제에 대해서는 많이 연구하고 주의에 대해서는 적게 말하자多研究些問題少談些主義〉라는 글을 발표해 자신의 입장을 분명히 했다.

현재 여론계가 처해 있는 큰 위험은 종이 위의 학설에 편향되어 오늘날 중국의 사회적 수요가 도대체 무엇인지에 대해 실제로 고찰하지 않고 있는 것이다. 듣기 좋은 주의에 대해 공허하게 담론하는 것은 아주 쉬운 일로 개나 소나 할 수 있는 일이고, 앵무새나 유성기도 할 수 있는 일이다. 현재 중국이 해결해야 할 문제는 정말 많다. 인력거꾼의 생계 문제로부터 대총통의 권한 문제까지, 매음 문제로부터 매국 문제까지, 안푸파(安福派, 안후이파 군벌의 다른 명칭)를 해산하는 문제부터

국제연맹에 가입하는 문제까지, 여자 해방으로부터 남자 해방 문제까지. 우리는 인력거꾼의 생계에 대해서는 연구하지 않으면서도 사회의주에 대한 고담준론을 늘어놓고, 여성을 어떻게 해방하고 가족제도를 어떻게 바로잡을 것인가는 연구하지 않으면서 아내의 공유와자유연애에 대해서는 고담준론을 늘어놓는다. 안푸파를 어떻게 해산하고 남북문제를 어떻게 해결할 것인가는 연구하지 않으면서 무정부주의에 대해서는 고담준론을 늘어놓는다.

여기서 후스가 말한 '주의'는 다름 아닌 마르크스주의를 가리키는 것이었다. 곧바로 이에 대한 반론이 제기되었다.

같은 해 8월에 나온 〈매주평론〉 35기에는 리다자오가 후스의 글을 반박하는 〈문제와 주의를 다시 논한다再論問題與主義〉라는 글이 실렸다. 여기서 리다자오는 후스가 문제의 근본적인 해결을 도외시하고 있다면서, 근본적인 해결이 선행되어야 개별적인 문제를 해결할 희망이 보이는 것이라 주장했다. 이와 동시에 '문제'와 '주의'는 분리해서 사고할 수 없는 것으로 사회운동이란 실제 문제를 연구하는 한편, 이상적인 주의를 선전해야만 하는 것이라고 보았다. 곧 후스가 실용주의적인 관점에서 지식의 실용성과 효용성을 강조했다면, 리다자오는 주의나 이념이라는 것은 단순한 공담空談이 아니라 문제 해결을 위한 방법이어야 한다고 주장했다고 볼 수 있다. 리다자오는 여기서 한걸음 더 나아가 역사의 주체는 민중이고, 민중을 활성화하는 것은 지식이 아니라 주의이며, 민중의 힘이 활성화될 때 비로소 문제가 해결된다고 하였다.

이러한 논쟁과 별개로 당시 젊은이들은 마르크스주의라는 새로운 사상에 열광하며 경도되었다. 여기에는 신생국 소련이 취했던 대외 정책이 주요하게 작용했던 측면도 있다. 5 · 4 운동의 여운이 가시기도 전인 1919년 7월 모스크바에서는 〈중국 인민과 중국 남북 양 정부에 보내는 호소〉라는 제목의 선언문이 발표되었다. 당시 외무인민위원장을 대리한 카라한Lev Mikhailovich Karakhan, 1889~1937의 이름을 따서 '카라한 선언'이라고 불리는 이 선언문에서 소련 정부는 외국 영토에 대한 모든 약탈 거부, 외국 민족에 대한 일체의 강제적 병합 거부, 모든 배상에 대한 거부를 명확히 하고, 일본과 중국 및 현존하는 동맹국 간에 체결되었던 비밀조약의 무효를 공표하였다. 즉 신생국 소련 정권의 '외국 영토에 대한 일체의 약탈 거부, 외국 민족에 대한 모든 강제적 병합 거부, 일체의 배상 거부'라는 원칙을 중국에 구체적으로 적용한 것이었다.

카라한 선언은 19세기 이래 제국주의 열강들의 침략과 그로 인한 불평등조약에 시달렸던 중국 민중에게 신선한 감동을 주기에 충분했다. 아울러 선언이 발표된 타이밍도 절묘해서 5 · 4 운동을 통해 민족적 자각에 눈을 뜬 중국 지식인들은 소비에트 정권에 대해 감사와 존경의 뜻을 담은 성명서를 잇달아 발표했다. 카라한 선언은 해를 넘겨 1920년 3월에 중국 정부에 정식으로 전달되었고, 중국 인민들의 열렬한 지지와 호응에 힘입어 같은 해 9월에는 좀 더 구체적인 내용을 담은 '제2차 카라한 선언'이 발표되기에 이르렀다. 중국 지식인과 민중은 서구 제국주의 세력과 다른 이념을 표방하는 소비에트 정권에서 희망의 불빛을 보았다. 신해혁명 이후 연이은 실패를 맛보았던 쑨원 역시 이에 깊은 관심을 보였다.

소비에트 정권이 중국에 대해 이런 조치를 취한 것은 단순히 중국에 대한 호의 때문이 아니었다. 10월 혁명 이후 레닌은 소련을 중심으로 세계 각지에서 제국주의 부르주아 정권에 타격을 주고 궁극적으로 그것을 타도할 통일적인 조직을 만들고자 했다. 이것이 이른바 공산주의 인터내셔널, 곧 '코민테른'으로, 이것을 통해 유럽에서의 프롤레타리아 혁명운동을 추진함과 동시에 아시아의 민족운동 등을 지원함으로써 전 세계적 차원에서 제국주의의 타도를 실천에 옮기려 했던 것이다. 그러나 문제는 아시아 지역과 같은 식민지나 피압박 국가에서는 아직 프롤레타리아 계급의 존재가 극히 미약했고, 민족운동을 실제로 이끌고 있는 세력은 오히려 민족 부르주아 계급이었다는 데 있었다. 그러므로 어쩔 수 없이 아시아 지역에서의 혁명 투쟁은 한편으로는 프롤레타리아 정당을 조직해 그들과 긴밀히 제휴하고, 다른 한편으로는 제국주의에 저항하는 민족 부르주아 계급 역시 지원하고 그들과 공동전선을 형성하는 노선을 채택할 수밖에 없었다.

1920년 봄 코민테른에서 파견한 보이틴스키Grigori Naumovich Voitinsky, 1893~1953와 양밍자이楊明齋, 1882~1938가 베이징에 도착했다. 두 사람은 당시 베이징대학에서 러시아어를 가르치고 있던 러시아인을 통해 리다자오를 소개받고 그와 접촉했다.

산둥 출신의 양밍자이는 일찍이 러시아로 건너가 노동운동을 하다 볼세비키에 참여했고, 10월 혁명 이후 모스크바 동방노동자공산주의대학에서 공부한 인물이었다. 그런 까닭에 보이틴스키의 통역을 겸해서 중국에 파견되었다. 두 사람과 만난 리다자오는 당시 상하이에서 활동하고 있던 천두슈를 소개했다. 5·4 운동 당시 군벌 정부에 의해 체포 투옥된 적이 있던 천두슈는 베이징 대학 교수를 그만두고 상하이의 프랑스 조계에서 〈신청년〉을 계속 발간하고 있었다.

상하이에서 천두슈를 만난 보이틴스키는 그에게 중국 공산당의 창당을 권유하고, 그에 필요한 절차와 과정을 지도했다. 이에 천두슈는 같은 해 8월 공산당 창립발기인회를 열었고, 이후 〈신청년〉은 천두슈가 중심이 된 상하이 공산주의 그룹의 기관지가 되어 급속히 좌경화했다. 리다자오의 마르크스주의 연구회 역시 베이징 소조로 개조되었다.

이러한 일련의 움직임 끝에 이듬해인 1921년 보이틴스키의 뒤를 이어 중국에 파견된 네덜란드 출신의 헨드릭 마링이 코민테른 극동 담당 집행위원회 대표라는 직함으로 중국에 들어왔다. 마링의 지도 아래 중국 내에 산재해 있던 공산주의 그룹이 공산당 창립을 위한 활동에 착수하였다. 그리고 1921년 7월 말, 상하이에서 공산당의 성립을 선언하는 제1회 전국대표회의가 열렸다. 하지만 당시 중국 내 사회주의 그룹을 이끌고 있었던 리다자오와 천두슈는 각각 다른 일로 베이징과 광저우에 머물고 있어 회의에 참석하지 못했다.

한편 보이틴스키와 양밍자이는 1920년 가을 당시 상하이의 프랑스 조계에 머물고 있던 쑨원과도 만났다. 쑨원 역시 카라한 선언으로 소련에 대해 호감을 갖고 있었을 뿐 아니라 일찍이 유럽에서 망명 생활을 할 때 유럽의 혁명 사상을 접한 적이 있었다. 그리고 그때까지 쑨원은 강력한 정치력을 갖고 있었지만, 실제적인 무력은 전무한 상태에서 군벌들에게 거듭 배신당하면서 고립무원의 처지에 놓여 있었다. 그런 쑨원에게

상하이에 있는 중국 공산당 창립대회 구지 ⓒ 조관희, 2011

1921년 12월 중국 공산당 창립을 성공리에 완수한 마링이 나타났다. 마링은 쑨원에게 중국 혁명을 수행하려면 강력한 힘을 가진 정당이 필요하며, 이를 무력으로 뒷받침할 군관학교를 만들 것을 제안했다. 마링의 권유에 고무된 쑨원은 결국 1922년 소련 정부의 특명 전권대사 아돌프 아브라모비치 요페[Adolf Abrahamovich Yoffe, 1883~1927]와 함께 〈쑨원－요페 공동선언〉을 발표했다.

이런 일련의 과정을 거쳐 제1차 국공합작이 성립되었고, 쑨원은 숙원이었던 북벌을 개시하고자 했다. 광둥에서 힘을 기른 국민당 군대가 북상하며 각지의 군벌 세력을 하나씩 제압하려는 계획이 막 시작되려던 1925년 3월 12일, 베이징에서 쑨원이 간암으로 세상을 떠났다. 그리고 쑨원 사후 국공합작은 쑨원의 후계자인 장제스가 일으킨 4·12 쿠데타로 파탄이 나 중국 공산당은 치명적인 타격을 입었고, 국민당은 우한 정부와 난징 정부로 쪼개졌다. 이 틈을 타 만주 지역의 군벌인 장쭤린이 베이징에 들어와 안후이파 군벌의 맹주인 돤치루이를 몰아내고 국민연군의 지도자 펑위샹[馮玉祥]을 패주시켰다. 이렇듯 상황이 급박하게 돌아가자 리다자오는 주변 인물들과 함께 소련 대사관으로 피신했다.

장쭤린이 리다자오를 죽이려 했던 것은 단순히 그가 공산주의자였기 때문이 아니었다. 당시 리다자오는 소련과 국민당을 대표해서 일하고 있었고, 그렇기에 국공합작의 정신에 따라 장제스의 북벌을 돕는 입장에 있었다. 장쭤린이 보기에 리다자오는 결국 외국인 코민테른을 위해 일하고, 나아가 국가의 군사 정보를 수집해 자신의 최대 라이벌인 장제스의 북벌을 돕는 한간[漢奸]에 불과했다.

현재 남아 있는 기록에 의하면 리다자오는 마지막 순간까지 비교적

후통,
베이징 뒷골목을 걷다

괜찮은 대우를 받았다고 한다. 그는 차분하게 자신의 입장을 진술했고, 심지어 총살 대신 교수형을 원해 장쭤린이 그를 위해 교수대를 따로 구매해 주었을 정도였다. 4월 28일 리다자오는 죽음을 앞두고 교수대에서서 마치 베이징 대학에서 강의를 하듯 침착하고 담담한 어조로 최후 진술을 했다.

"너희들은 너무 일찍 기뻐해서는 안 된다. 너희들이 나를 목 졸라 죽였다고 해서 위대한 공산주의를 목 졸라 죽일 수 없기 때문이다. 우리는 충심으로 전 세계, 중국에서 공산주의가 반드시 빛나는 승리를 얻을 것을 믿는다."

1. 둥쟈오민샹

리다자오가 체포되었던 둥쟈오민샹은 베이징에서 가장 긴 후통으로, 서쪽 끝인 톈안먼 광장에서 시작해 동쪽 끝 충원먼네이다졔崇文門內大街까지 약 3킬로미터에 걸쳐 있다. 이 거리의 역사는 원 대까지 거슬러 올라가며, 본래 대운하를 통해 강남 지역에서 운송되는 쌀을 비롯한 곡식들이 부려졌던 일종의 부두였다. 그러나 후대에 운하가 쇠퇴하면서 매립되어 현재와 같은 모습을 하게 되었으며, 베이징 도심에 위치했기에 근대 이후에는 서구 열강의 대사관들이 밀집한 지역이 되었다. 현재는 대사관들이 이전되어 예전의 모습을 찾아볼 수는 없으나, 소련 대사관과 일본 대사관 터는 여전히 남아 있다.

둥쟈오민샹은 오랜 역사에 걸맞게 길 양쪽으로 수목이 우거져 있어 더운 여름에도 시원한 그늘이 여행객들의 땀을 식혀 준다. 그런데 오가는 사람이 그리 많지 않고, 좌우에 늘어선 건물 때문인지 공기도 무겁게 내려앉아 전체적으로 활력이 느껴지지 않는다. 하지만 옛 소련 대사관 터에 있는 최고인민법원을 지나 타이지창다졔台基廠大街와 만나는 네거리에 이르면 거리 분위기는 한결 밝아진다. 그곳에서 베이징에서 유명한 또 하나의 천주교회당을 만날 수 있다.

이 네거리에서는 어느 곳으로 가든 베이징의 명소로 갈 수 있다. 북쪽을 향하면 베이징의 명동 왕푸징이 나오고, 직진하면 충원먼네이다졔를 지나 명 대의 성벽이 보존되어 있는 공원에 도착한다. 또 남쪽으로 향하면 톈탄天壇이 있다.

| 옛 일본 대사관 유지 ⓒ 조관희, 2014

| 현재는 식당으로 바뀐 옛 프랑스 우체국 유지 ⓒ 조관희, 2014

| 둥자오민샹의 성 미카엘 성당 ⓒ 조관희, 2014

루쉰과
저우쭤런
魯迅, 周作人

베이징에서의 세월들

루쉰

저우쭤런

이날 저녁부터 각자의 방에서 밥을 먹기로 해 혼자 반찬 하나로 밥을 먹었다. 이에 기록해 둔다.

1923년 7월 14일, 루쉰은 지금까지도 정확하게 알려지지 않은 이유로 동생인 저우쭤런周作人과 사이가 틀어졌다(루쉰의 본명은 저우수런周樹人이다). 3형제 가운데 맏이인 루쉰은 동생들과 우애가 깊었는데, 그중에서도 바로 밑의 동생인 저우쭤런과는 각별했다. 두 사람은 중국 현대문학사에 큰 족적을 남길 만큼 문필가로 유명세를 떨쳤다. 그런 만큼 평소 서로의 의견을 나누는 한편, 300여 통의 편지를 주고받았을 정도로 사이가 남달랐다. 그랬던 두 사람은 이날을 기점으로 급속도로 냉각되었고, 급기야 저우쭤런의 편지 한 통을 끝으로 형제 관계는 완전히 단절되었다.

루쉰 선생
나는 어제야 비로소 알게 되었습니다. 하지만 이미 지나간 일은 다시 말할 필요 없겠지요. 나는 기독교도는 아니지만 다행히도 아직은 감당할 수 있고 비난하고 싶지도 않습니다. 모두들 가엾은 세상입니다. 내 지난날의 장밋빛 꿈은 모두 환상이었고, 어쩌면 현재 보고 있는 게 진정한 인생일 것입니다. 나는 생각을 고쳐먹고 새로운 생활로 들어가고자 합니다. 앞으로 다시는 뒤채後圈로 오지 말았으면 합니다. 달리 할 말은 없습니다. 평안하시고 자중하시기 바랍니다.

7월 18일 쭤런

말투부터 싸늘한 기운이 느껴지는 이 편지를 받고 루쉰은 큰 충격을 받았다. 결국 그때까지 동생 식구와 어머니를 모시고 함께 살았던 루쉰은 새로 집을 구해 나갈 수밖에 없었다. 같은 해 8월 2일 루쉰은 쫜타후퉁磚塔胡同 61호의 새집으로 이사했다.

20세기 중국 현대문학사에서 첫손가락으로 꼽는 대문호 루쉰이 베이징에 첫발을 내디딘 것은 1912년 5월 5일이었다. 루쉰은 신해혁명 이후 수립된 중화민국 임시정부의 초대 교육부 장관으로 임명된 차이위안페이의 추천으로 교육부 관리가 되었다. 정권이 위안스카이에게 넘어가고 수도가 베이징으로 옮겨지자 그 역시 근무지를 베이징으로 옮겼다. 그러나 정작 그를 추천했던 차이위안페이는 위안스카이 정권에 불만을 품고 사직했고, 처음에 사회교육사 제2과 과장으로 임명되었던 루쉰은 제1과 과장으로 자리를 옮겼다. 여기서 그는 도서관, 박물관, 미술관, 동식물원 관리, 음악회, 연극 연출, 문물 수집 및 조사 발굴 등 다양한 사회

사오싱 회관 ⓒ 조관희, 2014

여러 세대가 한데 살아가는 대잡원이 된 사오싱 회관의 내부 ⓒ 조관희, 2014

문화사업을 담당했고, 8월에는 첨사에 임명되었다.

베이징에 첫발을 내디뎠을 때 루쉰이 묵었던 곳은 사오싱 회관^{紹興會館}이었다. 회관은 타지에 살고 있는 같은 고향의 사람들이 상호부조를 위해 설립한 일종의 숙소로, 객지에 처음 온 사람들은 이곳에서 동향인들을 만나 정보도 얻고 낯선 곳에서 살아가는 데 필요한 도움도 받을 수 있는 곳이었다. 이곳은 또한 그와 개인적인 인연도 있었다. 그가 막 세상에 태어났던 30여 년 전 그의 조부인 저우푸칭^{周福清}이 한림에 제수되어 이곳에서 정식 임명을 기다렸던 것이다. 과연 그는 할아버지의 족적을 따라 자연스럽게 이곳으로 발길을 옮겼던 것일까?

사오싱 회관 안에는 건물들이 여러 개 있었는데, 루쉰이 처음 머물던 곳은 텅화볘관^{藤花別館}이었다. 이곳에서 꼬박 4년을 지내고 나서 1916년 5월 6일에는 부수수우^{補樹書屋}로 옮겼다. 부수수우야말로 그의 처녀작이자 중국 최초의 현대소설로 꼽히는 〈광인일기^{狂人日記}〉와 〈쿵이지^{孔乙己}〉, 〈약^藥〉 등 소설의 산실로, 이곳에서 루쉰은 칼집 속에 들어 있는 보검처럼 조용히 때를 기다리며 침잠했다.

그가 교육부에서 맡은 일은 한직이어서 업무는 비교적 적었다. 그러나 위안스카이 치하의 베이징은 그렇게 한가하지 않았다. 위안스카이는 자신이 황제가 되는 것을 반대하는 세력을 철저하게 탄압했던 것이다.

홍헌 황제(위안스카이)의 통치가 시작되면서 위안스카이의 특무기관, 예를 들어 루젠장^{陸建章}의 군정집법처(혁명가와 애국 인민들을 체포하고 살해하는 일을 담당한 특무기관)가 이어받은 것은 무시무시한 동창^{東廠}(명 대 영락제가 설치했던 비밀 감찰기관) 계통이었다. 이들에게 붙잡혀 가 실종된 사

람은 지금까지 그 수를 헤아릴 수 없을 정도로 많았다. 베이징의 문관들은 [그 지위가] 높건 낮건 모두 빠짐없이 감시받았는데, 이들이 위안스카이에게 반대하거나 복종하지 않겠다는 뜻을 나타낼까 봐 두려워했기 때문이었다.[1]

탄압과 감시의 눈길을 피하려고 사람들은 도박을 하거나 첩을 두기도 하고, 그렇지 않으면 골동품이나 서화에 빠져들었다. 나중에 위안스카이의 황제 등극에 반대하는 세력의 주도자가 되었던 윈난雲南 도독都督 차이어蔡鍔 역시 샤오펑셴小鳳仙이라는 기생과 염문을 뿌렸다. 그러나 루쉰은 도박을 할 줄 몰랐고, 기생과 놀아나기에는 돈도 없었다. 루쉰은 어쩔 수 없이 외롭게 지내며 비석 탁본과 고적 교감, 불경 읽기 등으로 소일했다.

그가 수집한 한漢나라 때 비석 탁본들은 대부분 부서지고 글자가 빠졌거나 알아보기 힘들어서 베끼는 데 무척이나 힘이 들었다. 어떤 것은 한 장을 제대로 베끼는 데 며칠씩 걸리곤 하였으니, 화禍를 멀리하고 긴긴 밤을 보낼 수도 있었다. 같은 책을 여러 판본이나 자료를 찾아가며 서로 다른 글자나 진위를 가려내는 일에도 점차 흥미를 갖게 되었다. 매일 밤 홀로 등불을 마주하고 앉으면 시간도 쏜살같이 흘러지나갔다. 그렇게 눈 깜짝할 새, 오륙 년이나 그 일을 하게 되었다.[2]

아울러 루쉰은 불경을 종교라기보다는 하나의 철학 사상으로 여기고, 인류 사상사에 등장하는 수많은 자료 가운데 하나로 받아들였다. 그리고 탁본을 하더라도 다른 사람들은 대개 글자에만 주의를 기울였던 데 반해 루쉰은 그림에도 많은 공을 들였다. 이것은 그가 나중에 판화 운동을 하고 직접 책을 디자인하는 등 그림에도 조예가 있었던 것과 궤를 같이한다.

루쉰은 신해혁명에 많은 기대를 걸었지만, 현실은 녹록치 않았다. 혁명의 주역이었어야 할 쑨원은 일본으로 망명을 떠났고, 군벌들이 설치는 살풍경한 분위기가 베이징을 지배했다. 당시 루쉰의 마음은 암담한 기운으로 가득 차 있었다.

> S회관에는 세 칸짜리 방이 하나 있다. 마당에 있는 홰나무에서 예전에 한 여자가 목을 매달아 죽었다는 이야기가 전해 내려오고 있었다. 지금 그 홰나무는 사람이 올라갈 수 없을 만큼 높이 자라 있지만, 그 방에는 아직도 사람이 살고 있지 않다.
> 몇 년 동안 나는 그 방에 틀어박혀 옛날 비문을 베끼고 있었다. 손님들의 왕래도 별로 없었고, 옛 비문 속에서 무슨 문젯거리나 주의主義를 만날 일도 없었다. 그러면서 나의 생명은 점점 깜깜한 어둠 속으로 소멸되어 가고 있었다. 그것이 또한 나의 유일한 바람이기도 했다.
>
> _《납함》〈자서〉

그때 한 친구가 그를 찾아왔다. 바로 당시 〈신청년〉 편집자로 있던 첸셴퉁錢玄同이었다.

"이까짓 것들을 베껴서 무엇에 쓰려고 하나?"

어느 날 밤, 그는 내가 베낀 옛날 비문의 초본을 펼쳐보며 궁금한 듯

사오싱 회관 안에 있는 오래된 홰나무 © 조관희, 2014

물었다.

"아무 데도 쓸모가 없지."

"그렇다면 무엇 때문에 이걸 베끼고 있나?"

"아무런 이유도 없네."

"내 생각엔 자네가 글을 좀 썼으면 해."

첸셴퉁은 루쉰에게 유명한 비유를 들어가며 글을 쓸 것을 권유했다.

"가령 말일세. 창문도 없고, 절대로 부술 수도 없는 쇠로 된 방이 하나 있다고 하세. 창문이라곤 없고 절대 부술 수도 없어. 그 안엔 수많은 사람이 깊은 잠에 빠져 있어. 머지않아 숨이 막혀 죽겠지. 허나 혼수상태에서 죽는 것이니 죽음의 비애 같은 건 느끼지 못할 거야. 그런데 지금 자네가 고래고래 소리를 질러 의식이 붙어 있는 몇몇이라도 깨운다고 하세. 그러면 이 불행한 몇몇에게 가망 없는 임종의 고통을 주게 되는데, 자넨 그들에게 미안하지 않겠나?"

"그래도 기왕에 몇몇이라도 깨어났다면 그 쇠로 된 방을 부술 희망이 전혀 없다고야 할 수 없겠지?"

루쉰은 그의 말에 뒤통수를 한 대 맞은 듯한 충격을 받고, 마치 긴 꿈에서 깨어난 것 같은 느낌이 들었다. 그렇게 해서 루쉰이 써낸 게 바로 중국 최초의 현대소설이라는 〈광인일기〉다. 루쉰이라는 필명도 이때 처음으로 사용했다. 이후로 루쉰은 무언가에 홀리기라도 한 듯 글을 쏟아 냈다.

루쉰이 사오싱 회관을 떠난 것은 동생 저우쭤런이 일본에서 귀국하여 같이 살 집을 찾아 나선 뒤였다. 저우쭤런은 1917년 4월 1일 베이징에 도착했고, 한동안 두 사람은 함께 사오싱 회관 부수수우에 머물렀다.

부수수우는 작은 정원이 딸린 곳으로 사오싱 회관 남쪽에 있다. 북쪽 두 개의 방은 관리자와 그의 아들이 살았고, 루쉰은 서동쪽 세 개의 방을 사용했다. 동생이 오자 햇볕이 잘 드는 남향 방을 내주고 자신은 북쪽 방으로 옮겨 갔다. 중간 방은 자연스럽게 손님방으로 사용하게 되었다. 두 사람의 방은 똑같이 장식이 거의 없고 아주 단순했다. 창 앞에는 책상을, 벽에는 책꽂이를 놓았다. 침대는 저우쭤런은 벽에 기대 가로로 놓았고, 루쉰은 책상에 기대 세로로 놓았다. 저우쭤런의 방이 좀 더 정리가 잘 되어 다탁과 긴 의자도 있었지만, 루쉰의 방에는 커다란 상자 몇 개를 놓고 비첩 탁본이나 고서, 골동품 등을 올려놓았을 뿐이다.[3]

그에 앞서 위안스카이는 주변의 반대로 황제 자리에 오르려는 꿈이 좌절되자 실의에 빠져 죽었다(1916). 그를 대신해 리위안홍黎元洪이 총통 자리에 오르자, 망명길에 올랐던 이들이 속속 귀국했다. 그 가운데 루쉰을 베이징으로 불러들였던 차이위안페이도 있었다. 차이위안페이는 베이징 대학 교장이 되었고, 오랜 친구인 루쉰에게 연락을 해 두 사람은 오랜만에 회포를 풀었다. 루쉰은 차이위안페이의 부탁으로 베이징 대학의 교표를 도안했고, 동생인 저우쭤런을 소개했다. 저우쭤런은 처음에는 베이징 대학 부설 국사편찬처에서 편찬 업무를 담당했고, 이듬해인 1918년에 정식으로 베이징 대학 교수가 되었다.

1917년 6월, 군벌 장쉰張勳이 이른바 복벽復辟을 시도해 신해혁명으로 퇴위한 푸이를 끌어내 다시 황제 자리에 앉혔다. 한 편의 희극 같은 이 소동은 해프닝으로 끝났지만, 루쉰의 마음은 이미 그런 어이없는 사회 현실에서 떠나 있었다. 7월 3일 루쉰은 교육부를 그만두었고, 장쉰의 복벽에 반대하는 세력들은 황궁을 폭격했다. 루쉰은 한동안 칩거하며 집필에 몰두했다. 그러나 가족과 떨어져 살아야 했던 그는 무엇보다 일상의 외로움을 떨쳐내기 어려웠다.

1년 뒤인 1918년 7월, 동생인 저우쭤런이 자신의 일본인 처와 아이들을 데리러 일본에 갔다가 8월 10일 베이징에 도착했다. 그래서 갑자기 늘어난 식구들 때문에 급히 새로운 집을 구해야 했다. 루쉰은 이곳저곳을 알아보다 8월 19일 바다오완후통八道彎胡同 11호의 집을 계약했다. 그리고 주택 구입비와 이사 비용 등을 마련하느라 3개월을 바삐 뛰어다닌 결과, 11월 21일 루쉰과 저우쭤런의 가족은 사오싱 회관을 떠나 바다오완의 새집으로 이사를 했다. 내친 김에 루쉰은 12월 1일 고향인 사오싱으로 돌아가 그곳의 집을 팔고 12월 19일 어머니와 아내 그리고 막냇동생인 저우젠런周建人을 데리고 베이징으로 돌아왔다. 루쉰은 약 7년 반 동안 사오싱 회관에서 살았으니, 이는 그의 일생에서 가장 오래 머물렀던 곳이었다.

바다오완후통의 집은 루쉰에게 많은 위안과 동시에 평생 씻을 수 없는 큰 상처를 준 곳이었다. 사오싱 회관에 비해 이 집은 넓기도 했지만, 무엇보다 가족들만의 공간이 생겼다는 것이 루쉰에게는 큰 기쁨이었다.

바깥에서 앞뜰로 들어서면 본채 앞에 남향으로 지어진 아홉 개의 방이 있고, 영벽影壁을 통해 들어서면 중원中院이 있는데, 중원의 서쪽 방세 개가 바로 루쉰이 묵던 곳이다. 방 세 개 중 동쪽과 서쪽 방에는 어머니와 아내가 살았고, 가운데 방은 식사는 하는 곳으로 사용했다. 이 가운데 방에는 북쪽으로 방이 하나 더 이어져 있었는데, 겨울이면 루쉰은 보통 이 방에서 잠을 잤다. (……) 중원 동쪽에 있는 좁은 길을 통해 후원으로 들어갈 수 있는데, 이곳에는 본채 뒤로 이어 지은 북향 방이 아홉 개 있었다. 동쪽 방 세 개는 손님용으로 사용했고, 나머지 여섯 개의 방을 저우쭤런과 저우젠런 두 형제의 가족이 각각 세 개씩 나누어 사용했다.[4]

루쉰에게는 구식 결혼을 한 주안朱安이라는 아내가 있었으나, 평생 아내를 멀리했다. 그렇다고 아내를 버린 것도 아니어서 어정쩡한 상태에서 그저 한집에서 살아갈 뿐이었다. 그 시절에 무엇보다 루쉰에게 위로가 된 것은 어머니의 존재였다. 어머니와 같은 집에서 살고 있다는 사실하나만으로도 루쉰은 마음 편하게 집필에 몰두할 수 있었다. 이 집에서루쉰은 많은 작품을 써냈지만, 가장 의미 있는 것은 그의 대표작이라 할《아큐정전》이 바로 이 시기에 나왔다는 사실이다.

마음의 안정을 찾은 루쉰은 집필하는 짬짬이 베이징 대학과 베이징사범대학 등에서 강의를 했고, 차이위안페이와 후스, 위다푸郁達夫 등과교류했다. 바다오완의 집은 루쉰을 찾아오는 사람들로 항상 북적였고한층 활기를 띠었다.

루쉰의 작품 〈오리의 희극〉에 등장하는 러시아의 맹인 시인 예로센코Vasilli Yakovlevich Eroshenko, 1889~1952가 한동안 머물렀던 곳도 바로 이곳이었다. 이때에는 동생 저우쭤런과의 사이도 나쁘지 않았다. 두 사람은 활발하게 사회 활동을 벌여 신문화운동에 크게 기여했다. 한마디로 이 시기는 두 사람의 인생에 있어 가장 화려하게 꽃을 피웠던 시기였다고 할 수 있다.

그러나 황금기는 그리 오래가지 못했다. 아직까지도 두 사람이 결별한 정확한 이유는 밝혀지지 않았지만, 저우쭤런의 일본인 아내 하부토 노부코羽太信子로부터 문제가 비롯되었다는 것이 정설이다. 삼 형제 가운데 막내인 저우젠런의 기록에 의하면, 노부코는 여느 일본 여인과 달리 집안에 하인을 몇 명씩 두고 씀씀이도 컸다고 한다. 그래서 루쉰은 그 돈을 대느라 어떤 때는 돈을 빌려 온 적도 있는데, 정작 그는 글을 쓸 때 즐겨 피우던 담배 살 돈이 없을 때도 있었다는 것이다. 흥미로운 것은 저우쭤런과 저우젠런, 두 사람은 일본에서 공부를 하다 자매와 결혼했다는 사실이다. 곧 저우젠런의 아내인 요시코芳子는 노부코의 여동생이었다. 저우쭤런은 노부코에게 꽉 잡혀 살아 아무 말도 못 했다. 전하는 말에 의하면 저우쭤런이 노부코를 데리고 처음 중국에 왔을 때 한 차례 다툰 적이 있었는데, 노부코가 히스테리로 발작을 일으켜 혼절했다고 한다. 그때 소심한 저우쭤런은 너무 놀랐고, 이후로 노부코가 하자는 대로 그대로 따랐다는 것이다.

그러나 루쉰은 가장으로서 이를 넘길 수 없었을 것이다. 더구나 노부코는 루쉰이 먼저 알고 지냈던 여인으로, 항간에는 두 사람 사이에 대해 여러 추측이 난무하기도 했다. 아무튼 더 이상 인내할 수 없었던 루쉰이 동생이 보는 앞에서 노부코를 나무랐는데, 이런 일이 쌓이고 쌓여 형제간에 불화가 생긴 것이었다. 노부코는 자신의 아이들이 큰아버지인 루쉰을 가까이하지 못하게 할 정도였다. 결국 저우쭤런이 형에게 절연의 편지를 보냈고, 이를 받아들일 수 없었던 루쉰이 다른 집을 구해 나감으로써 두 사람의 사이는 완전히 끝이 났다.

　1923년 8월 2일, 루쉰은 좐타후통磚塔胡同 61호에 집을 얻어 아내를 데리고 바다오완후통의 집을 떠났다. 루쉰은 자신의 심경을 '옌즈아오저宴之傲者'라는 필명에 담았다. '연宴'이라는 글자는 宀와 日, 女의 세 글자로 파자가 되고, '오傲'의 옛 글자는 出과 放라는 두 글자를 합쳐 놓은 것이니, 곧 '집안의 일본 여자에게 쫓겨났다'라는 것을 의미한다. 나중에 루쉰의 아내가 되는 쉬광핑許廣平 역시 〈루쉰 선생의 필명에 관한 이야기〉라는 글에서 루쉰이 자기에게 '집안의 일본 여자에게 쫓겨난 것'이라고 말했다고 기록했다. 조금 더 시간이 흐른 뒤인 1926년, 소설 〈주검鑄劍〉을 쓸 때도 주인공인 메이젠츠眉間尺을 대신해 복수하는 검은 옷의 사내에게 옌즈아오저라는 이름을 붙였을 정도로 루쉰은 노부코를 원망했다.

　좐타후통의 집은 바다오완후통의 집에 비해 크기가 너무 작았다. 방을 세 칸 얻어 서쪽 방은 아내가 쓰고, 동쪽 방은 어머니를 위한 방으로 남겨 두었다. 가운데 방을 루쉰이 썼는데, 낮에는 거실 겸 식당으로 이용하고 밤에는 벽 쪽에 놓인 나무 침대에서 잠을 잤다. 심지어 책을 꽂아놓을 곳이 없어 집안에 들일 수 없는 책들은 교육부에 갖다 놓을 수밖에 없었다.

　수입도 불안정했다. 월급은 밀리기 일쑤였고, 그나마 나올 때도 일부만 받을 수 있었다. 5·4 운동을 전후로 잡지 〈신청년〉을 중심으로 활발하게 진행되던 신문화운동 역시 이 시기에는 쇠락의 기미를 보였고, 1919년 7월부터 8월 사이에 이루어진 리다자오와 후스의 논쟁 이후에는 신문화운동에 참여했던 진영이 분열되었다. 하지만 그 무엇도 동생에게 받은 정신적인 충격만큼 그를 힘들게 하지는 못했다.

급기야 루쉰은 건강까지 잃었다. 폐병이 도져 기침과 고열이 계속되어 한 달 넘게 죽으로 연명했던 적도 있었다. 바다오완후통의 집에 남겨져 있던 어머니 역시 마음이 편할 리 없었다. 건강이 좋지 않았던 어머니는 그럴 때마다 루쉰을 찾아왔다. 그러다 아예 둘째 아들 집을 나와 장남인 루쉰의 집으로 거처를 옮겼다. 하지만 남의 집에 방 세 칸을 겨우 얻어 마련한 집인지라 모든 게 불편하기만 했다. 루쉰은 겨우겨우 몸을 추스르고 나자 새집을 보러 다녔다. 루쉰이 좐타후통의 집에서 지낸 것은 약 10개월 남짓이었지만, 이 시기에 그는 많은 것을 잃었다. 무엇보다 이때 발병한 폐병은 결국 10여 년 뒤 루쉰이 비교적 이른 나이에 세상을 뜨게 한 결정적인 원인이 되었다.

3개월 남짓 이곳저곳을 알아본 끝에 루쉰은 시싼탸오후통西三條胡同 21호의 집을 계약했다.

맑음. 오후에 양중허楊仲和, 리선자이李愼齋가 와서 함께 푸청먼阜成門 내 시싼탸오후통으로 집을 보러 갔다. 21호 문패의 구옥 여섯 칸을 사기로 하고 가격은 800위안으로 하기로 했다.

_1923년 10월 30일 일기

그러나 그것으로 끝이 아니었다. 낡은 집이었기에 그날 이후로 루쉰은 집을 수리하고 손보느라 정신없이 바쁜 시간을 보냈다. 집안에 남자가 없다 보니 모든 걸 루쉰이 혼자 처리해야만 했던 것이다. 그러는 사이 해가 바뀌었다. 1924년 설 전날이 되자 루쉰은 밀린 월급을 받으러 바쁘게 돌아다닌 끝에 겨우 돈을 마련해 술과 먹을 것을 사서 집에 돌아왔다.

> 4일 맑음. 오전에 막냇동생(저우젠런)에게 편지를 부치면서 정전둬鄭振鐸에게 보내는 편지를 첨부했다. 정오에 에스페란토 학교에서 작년 12월 월급 15위안을 보내왔다. 오후에는 대학에 가서 7월분 월급 18위안과 8월분 8위안을 받아 왔다. (……) 작년 4월분 봉급 180위안을 받았다. 술과 먹을 것을 사는 데 4위안을 썼다. 밤에 에스페란토 학교에서 《소설사》 97권 값으로 23위안 2마오 8펀을 보내왔다. 음력 그믐밤이라 술을 특히 많이 먹었다.
>
> _ 1924년 2월 4일 일기

집에서는 이미 두 달 전부터 와 있던 어머니와 아내가 음식을 준비해 놓고 그를 기다리고 있었다. 세 사람은 별 말 없이 늦은 저녁을 함께 먹었다. 루쉰은 문득 동생 식구와 함께 단란하게 지냈던 지난 몇 년간의 시간들을 떠올렸다. 식사를 마치고 밤이 이슥해지자 어머니와 아내는 잠자리에 들었지만, 루쉰은 잠들지 못했다.

그해 설은 여러모로 한가롭고 조용한 가운데 지나갔다. 그의 일기에도 별 내용이 없다. 설 다음 날 일기에 루쉰은 이렇게 썼다.

진눈깨비가 내렸다. 휴식. 오후에 쉬친원許欽文이 찾아왔다. 밤에 잠이 오지 않아 술 한 병을 다 마셔 버렸다.

_1924년 2월 6일 일기

그리고 펜을 들어 글을 쓰기 시작했다.

음력 세모歲暮가 역시 가장 세모답다. 시골과 읍내 안은 말할 것 없고 하늘에도 새해의 기상이 뚜렷하다. (……) 나는 바로 이날 밤 나의 고향 루진魯鎭으로 돌아왔다.

울적한 기분이 그를 고향 땅으로 이끌었던 것이다. 루쉰은 소설에 샹린댁祥林嫂이라는 여인을 등장시켰다. 작중 화자가 5년 만에 만난 샹린댁은 완연한 거지꼴을 하고 있었다.

내가 이번에 루진에 와서 만난 사람 가운데 그녀만큼 크게 변한 사람은 없었다. 5년 전의 희끗희끗하던 머리카락은 이젠 완전히 하얘져서 마흔 살 전후의 사람으로 보이지 않았다. 야위고 누런 핏기 없는 얼굴은 이전에 보이던 비애의 표정조차 사라져 마치 나무토막 같았다. 간혹 빙글빙글 도는 눈동자만이 그녀가 살아 있는 물체라는 것을 말해 주었다. 그녀는 한 손에 대바구니를 들고 있었는데, 안에는 깨진 빈 그릇이 있었다. 다른 한 손에는 자기 키보다 큰 대나무 막대를 쥐고 있었는데, 아래쪽은 쪼개져 있었다. 그녀는 완전히 거지였다.

이 작품이 같은 해 3월 25일 상하이에서 발간된 〈동방잡지〉에 발표된 소설 〈복을 비는 제사祝福〉다.

샹린댁은 주인공 화자의 넷째 아저씨 집에서 일하던 하녀로 남편을 일찍 잃고 과부가 되었다. 그러나 전남편 집안사람들에게 붙잡혀 가서 억지로 개가를 한 뒤 아들까지 낳고 잘 사는 듯하더니, 장티푸스로 남편을 다시 잃고 그 사이에서 낳은 아들 역시 이리에게 물려가 오갈 데 없어 다시 돌아왔다. 이미 그녀는 예전과 다른 사람이 되어 있었다. 사람을 만날 때마다 아이가 물려갔을 때의 정황을 이야기했다. 사람들은 처음에는 동정 어린 시선으로 이야기를 들어주었으나 이내 그 이야기에 질려 버렸고, 예전과 같은 민첩함을 잃은 그녀는 넷째 아저씨 집안에서도 자리를 잡지 못하고 겉돌다 마침내 거지가 되었던 것이다.

그러나 주인공 화자가 그녀를 만난 날, 그녀는 그를 알아보고 질문을 던졌다. 그것은 사람이 죽은 뒤 영혼이 있는지 여부와 죽은 집안사람을 만날 수 있을지에 대한 것이었다. 주인공 화자는 그저 대답을 얼버무리고 그 자리를 피했다. 그리고 그다음 날 그녀가 죽었다는 소식을 듣고 망연자실하여 할 말을 잊고 만다. 소설의 마지막은 설을 맞는 마을 정경을 묘사하는 것으로 끝이 난다.

근처에서 요란하게 터지는 폭죽 소리에 놀라 깬 나는 콩알만 한 노란 등불을 바라보았다. 이어서 톡톡탁탁 하는 폭죽 소리가 들려왔다. 그것은 넷째 아저씨 집에서 '복을 비는 제사祝福'를 지내고 있기 때문이었다. 벌써 새벽 네 시가 가까웠다는 것을 알았다. 나는 몽롱한 가운데 멀리서 끊이지 않고 터지는 폭죽 소리를 어렴풋이 듣는다. 온 하늘

후통,
베이징 뒷골목을 걷다

에 가득 찬 음향이 짙은 구름과 합쳐져 무리 지어 흩날리는 눈송이와 함께 온 마을을 감싸 안은 듯하다. 이 번잡한 소리에 안긴 나는 나른하고 또 편안해진다. 대낮부터 초저녁까지 품고 있던 의혹과 근심은 이 축복의 공기에 씻겨 사라졌다. 오직 천지간의 신들이 바친 제물과 술과 향불 연기에 거나하게 취해 하늘을 비틀비틀 거닐면서 루진의 사람들에게 무한한 행복을 약속해 주는 것만 같았다.

소설 말미에는 1924년 2월 7일이라는 날짜가 분명하게 밝혀져 있다. 곧 이 소설은 루쉰이 그해 설 즈음해서 하룻밤 만에 써낸 것이다. 그리고 며칠 뒤인 2월 16일에는 〈술집에서〉, 2월 18일에는 〈행복한 가정〉을 잇달아 썼다. 나중에 루쉰은 이 세 작품 외에도 몇 작품을 더해 《방황》이라는 제목의 소설집을 펴냈다(1926).

'방황'이라는 제목은 그저 나온 게 아니라 당시 루쉰의 마음을 가장 적실하게 표현한 말이라 할 수 있다. 정신적으로뿐 아니라 육체적으로도 많이 힘들었던 루쉰은 그 겨울을 보내면서 몸이 많이 쇠약해졌다.

루쉰의 건강은 점점 나빠졌다. 폐병의 징조가 나타나기 시작하여 자주 열이 나곤 하였다. 안색도 파리하니 안 좋았으며, 마흔을 갓 넘은 이에게 벌써부터 노인네 티가 나기 시작했다. 수면을 줄이기 위해서였는지 일부러 잠을 적게 자는 때가 많았고, 밤새도록 책상머리에 앉았다가 다음 날 아침에 바로 사무실로 출근하는 일도 있었다. 술도 갈수록 늘었으며 주사를 부릴 때도 있었다. 이런 모습을 본 그의 학생은 그가 일부러 자신의 건강을 해치려 한다고 생각할 정도였다. 심경도

갈수록 편하지 않았다.[5]

간신히 몸을 추스른 루쉰은 5월 25일 아내와 함께 좐타후통의 집을 떠나 시싼탸오의 집으로 이사했다. 얼마 후 어머니도 이곳으로 옮겨 와 같이 살게 되었다.

시싼탸오의 집은 온전하게 그 혼자만의 힘으로 장만한 것이었다. 모아 놓은 돈이 많지 않아 위치도 외지고 많이 낡은 집을 살 수밖에 없었다. 그래서 단순히 집안 살림을 옮기고 사람이 옮아간 것만으로 이사가 끝난 것은 아니었다. 루쉰은 5, 6개월여를 정신없이 뛰어다닌 끝에 겨우 집수리를 끝냈다. 이 집은 전형적인 사합원으로 바다오완후통의 집과 기본적으로 같은 구조를 갖고 있었다. 그런데 특이한 점은 가운데 방 뒤로 이어진 곳에 작은 방이 하나 딸려 있다는 것이었다. 루쉰은 이 방에 '호랑이 꼬리老虎尾巴'라는 별명을 붙였다. 어머니와 아내는 이 가운데 방을 중심으로 오른쪽과 왼쪽 방을 썼다.

호랑이 꼬리에서 루쉰은 잠을 자고 글을 썼다. 이 방은 북쪽을 향하고 있었기에 햇빛이 직접 들어오지는 않았지만, 유리창이 벽면을 가득 채우고 있어서 충분히 밝았다. 그 창을 통해 후원이 보였기에 글을 쓰다 지치면 밖을 내다보며 쉴 수도 있었다. 바로 이 방에서 루쉰은 그의 두 번째 소설집 《방황》을 비롯해 《야초野草》, 《아침 꽃을 저녁에 줍다朝花夕拾》, 《화개집華蓋集》, 《화개집속편華蓋集續編》, 《무덤墳》 등 수많은 글들을 썼다. 그러나 루쉰이 이 집에서 살며 겪었던 일 가운데 그의 생애에서 가장 의미 있는 사건은 바로 쉬광핑을 만난 것이었다.

앞서도 말했지만 루쉰은 어머니의 강권으로 1906년 그보다 세 살 연상의 주안과 결혼했다. 그해는 루쉰이 일본 센다이의 의학전문학교를 중퇴하고 도쿄에서 독일어를 공부하고 있을 때였다. 루쉰은 이 결혼이 자신의 뜻으로 이루어진 것이 아니었기에 받아들이기 어려웠지만, 그렇다고 어머니의 뜻을 꺾을 수도 없었기에 결혼식을 치를 수밖에 없었다. 그의 친구 쉬서우창許壽裳은 루쉰 사후에 쓴 〈이 세상을 뜬 벗 루쉰에 대한 인상기〉에 다음과 같이 기록했다.

> 주 부인은 구식 여자였다. 결혼은 어머니의 주장에서 비롯된 것이었다. '금슬이 좋지 않았기' 때문에, 루쉰은 일찍이 내게 이렇게 말한 적이 있었다.
> "그 사람은 어머니께서 내게 주신 선물이라네. 나는 그녀를 그저 잘 돌볼 수 있을 뿐이지. 사랑이란 것은 모르겠네."

결국 루쉰은 결혼식이 끝나고 얼마 지나지 않아 아내를 어머니 곁에 남겨 둔 채 마침 관비로 일본 유학을 떠나게 된 동생 저우쭤런과 함께 도망치듯 일본으로 떠났다. 일본에서 돌아온 뒤에도 자신의 말대로 그저 한 사람의 부양가족처럼 그녀를 돌봐줄 따름이었다.

루쉰은 그녀를 버릴 수 없었다. 〈복을 비는 제사〉에 등장하는 샹린댁은 아마도 버림받은 뒤에 평생 고통받으며 살아가야 할 아내의 모습을 형상화한 것인지도 모른다. 그들은 그렇게 같은 집에서 살면서도 남인

루쉰 고거 ⓒ 조관희, 2014

작은 방 하나가 돌출해 있는 모양의 호랑이 꼬리 방

호랑이 꼬리 방 내부 ⓒ 조관희, 2014

듯 무심하게 살아갔다. 심지어 두 사람은 서로 대화조차 하지 않았다. 루쉰이 빨랫거리를 버들고리에 넣으면, 아내는 그것을 빨아서 다시 상자 안에 넣어 두었다.

그러니 개인적으로, 나아가 가정적으로 루쉰은 불행했다고 할 수 있다. 사람들은 항용 위대한 문학가나 예술가를 신비화하는 경향이 있다. 그러나 그들이라고 유적 존재로서 인간의 굴레를 벗어나 살았겠는가? 루쉰 역시 다른 사람과 마찬가지로 보통 남자였다. 단지 글을 쓰고 학생들을 가르치고 생계를 책임지느라 다른 생각을 할 겨를이 없었을 뿐. 그런 그의 앞에 한 여자가 나타났다. 그가 곧 쉬광핑이다.

루쉰은 쉴 새 없이 글을 쓰는 한편, 여러 학교에서 강의를 했다. 베이징에서의 강의는 1921년 1월 베이징 고등사범학교(현재의 베이징 사범대학)에서 겸임강사를 맡은 것으로 시작했는데, 그 뒤로 에스페란토 전문학교, 베이징 대학, 베이징 여자고등사범학교(1925년 베이징 여자사범대학으로 바뀌었다가 1931년 베이징 사범대학으로 병합되었다) 등에서도 학생들을 가르쳤다.

루쉰은 언변이 뛰어난 편이라 학생들에게 인기가 있었다고 한다. 당시 그의 수업을 들은 적이 있던 웨이젠궁魏建功은 〈30년대의 루쉰 선생을 떠올리며憶三十年代的魯迅先生〉라는 글에서 다음과 같이 기술한 바 있다.

[루쉰 선생의] 소설사 수업은 화요일 오전 셋째 시간과 넷째 시간이었다. 교실은 모래톱 붉은 건물 서북쪽 모서리에 있었는데, 4층이었

는지 3층이었는지는 정확하게 기억나지 않는다. 화요일 오전 둘째 시간이 아직 끝나지도 않았는데, 교실 밖 통로는 소설사 수업을 들으려고 허겁지겁 서둘러 달려온 학생들로 이미 북적였다. (……) 나는 본과의 과목을 골라 듣고 있던 터라 앉는 자리의 팻말 위에 정식으로 이름이 쓰여 있었고 그래서 가장 좋은 자리를 차지할 수 있었다. 첫째 줄 세 번째 자리였다.

아직도 기억난다. 제2장 〈신화와 전설〉 끝 부분의 두 번째 예시는 '자고신紫姑神'이었다. 선생님은 봉건사회에서 여성이 갖는 지위 등의 문제를 제기하셨다. 요컨대 선생님 강의의 정신은 잡감雜感을 쓰시던 풍격과 똑같았다. 우리가 그때 선생님의 수업에서 들었던 내용은 선생님이 실제로 사회를 향해 하시려던 말씀이었다.[6]

이때 강의 교재로 쓴 것이 유명한 《중국소설사략》으로, 이 책은 현재까지도 중국 소설사에 관한 고전을 넘어서 경전으로까지 떠받들어지고 있다.[7]

그러나 당시는 아직 남녀가 유별했던 시기였고, 여학생들이 대학에서 정식으로 공부를 한 것도 얼마 되지 않았을 때였다. 풍부한 학식으로 여유 있게 강의를 진행했던 루쉰도 여학생만 모여 있는 베이징 여자고등사범학교에서는 숫기 없는 어리보기였다. 그는 자신의 작품에서 당시느꼈던 당혹감을 토로한 적이 있었다.

그는 하는 수 없이 교단에 올라가서 인사를 하고 마음을 가라앉혔다. 또 위엄 있는 태도를 보여야 한다고 다짐했던 것을 기억해 내고 천천히 책을 펴고 '동진의 흥망'을 강의하기 시작했다.

"호호!"

누군가가 몰래 웃는 것 같았다.

가오 선생은 얼굴이 화끈거리면서 얼른 책을 들여다보았다. (……) 처음에는 자기가 무슨 말을 하고 있는지 제 귀로도 들을 수 있었으나 점차 머리가 얼떨떨해지더니 나중에는 무슨 말을 하는지도 모르게 되었다. 그러다가 '석륵'의 웅대한 계획을 강의할 무렵에는 키득키득 숨죽인 웃음소리만 들려왔다.

그는 어쩔 수 없이 교단 아래를 보았다. 상황은 이미 처음과 많이 달랐다. 교실의 절반은 모두 눈이었다. 여기에 작고 깜찍한 이등변삼각형들이 있었고, 그 삼각형 안에는 콧구멍이 두 개씩 있었다. 이것들이 한 무리를 이루어 마치 흔들리는 깊은 바다처럼 반짝거리며 줄기차게 그의 시선을 향해 밀어닥치고 있었다.

(……)

그는 문득 자신의 강의가 중단되어 있음을 느꼈다.

"오늘은 첫날이니 이 정도 합시다……."

그는 한참이나 당황해서 머뭇거리다가 이렇게 더듬더듬 말하고는 꾸벅 머리를 숙이고 교단을 내려와서 교실 문을 나섰다.

"호호호!"

많은 학생들의 웃음소리가 등 뒤에서 나는 것 같았고, 그 웃음소리는 저 깊은 콧구멍의 바다에서 흘러나오는 듯했다.

_〈가오 선생〉

소설 속 인물인 가오 선생이야말로 루쉰 자신에 대한 묘사가 아니겠는가? 루쉰이 이 학교에서 강의를 시작한 것은 1923년 10월이었으니, 그때까지 강의 경력이 전혀 없는 것도 아니었으나, 여학생들만 앉혀 놓고 하는 강의였던지라 아무래도 어려움이 있었을 것이다.

루쉰이 베이징 여자사범학교에서 강의를 시작한 지 정확하게 1년 뒤인 1924년 겨울 이른바 '여사대 사건'이 일어났다. 당시 이 학교 교장 양인위楊蔭楡는 학생들을 억압적으로 대했고, 이에 일부 학생들이 교육부에 교장을 바꿔 달라는 청원을 넣었다. 학생 가운데 한 사람이었던 쉬광핑은 1925년 3월 11일 존경하는 스승인 루쉰에게 한 통의 편지를 보냈다.

> 지금 붓을 들어 선생님께 편지를 쓰고 있는 저는 선생님께 어느덧 두 해 동안이나 가르침을 받은 학생입니다. 드물고도 귀중한, 일주일의 30여 수업시간 가운데 한 시간짜리 소설사 수업을 듣고 있는, 선생님의 수업을 매주 목 빠지게 기다리는 학생입니다. 선생님의 수업이 있을 때마다 맨 앞줄에 앉아서 제 자신마저 잊은 채 늘 거침없고 굳센 어조로 질문하고 발표하기를 좋아했던 학생입니다. 그 학생의 가슴속에는 여러 의혹과 분노와 억울함이 오랫동안 쌓여 있었습니다. 지금은 이를 더 이상 참고 견딜 수가 없게 되었습니다. 이에 이렇게 선생님께 저의 답답한 마음을 호소하는 것입니다.

이렇게 시작한 편지의 주요 내용은 교장인 양인위의 음험한 사람됨과 그럼에도 아무런 행동도 취하지 않는 동료 학생들에 대한 푸념으로 점철되었다. 루쉰은 편지를 받은 그날로 답장을 썼다. 그는 어른의 입장에서 쉬광핑에게 현실이란 어차피 지저분한 것으로 교육계 역시 마찬가지라고 일깨우면서 동시에 너무 앞장서지 말라고 충고했다. 그 뒤로 두 사람 사이에는 편지가 계속 오갔다. 그러나 편지만으로는 성에 차지 않았던 쉬광핑은 처음 편지를 보낸 지 한 달 만에 친구 한 명을 데리고 직접 시싼탸오에 있는 루쉰의 집을 찾아갔다.

쉬광핑과 린줘펑林卓風이 찾아왔다.

_1925년 4월 12일 일기

그러는 사이 사태는 걷잡을 수 없이 확대되었다. 위안스카이 정부가 일본의 무리한 요구를 받아들인 뒤로 일종의 국치일로 여겨지는 5월 7일이 되자 학생들과 교장 사이에 직접적인 충돌이 일어났다. 격분한 양인위 교장은 쉬광핑을 비롯한 6명의 학생들을 퇴학시켰다. 학생들은 양 교장의 조치에 격렬하게 반대해 교장 사무실을 점거했다. 양 교장이 〈신보晨報〉에 〈본교의 폭력 학생들에 대한 느낌〉이라는 글을 싣자, 이번에는 루쉰을 비롯한 7명의 교수들이 연명으로 〈경보京報〉에 이를 반박하는 선언문을 발표했다. 이를 계기로 루쉰은 입장을 분명히 하고 학생들 편에 서서 함께 싸워 나갔다.

결국 더 이상 견디지 못하고 양인위 교장이 사임했다. 그러자 이번에는 교육부 장관이었던 장스쟈오章士釗가 나서서 학교를 폐교하고 베이징 여자대학으로 바꾸려 했다. 동시에 이러한 교육부의 훈령에 맞서고자 조직한 교무유지회 임원으로 뽑힌 교육부 첨사 루쉰의 면직을 당시 권력자였던 돤치루이에게 요구했다. 그러나 장스쟈오가 루쉰의 면직을 요구한 것은 루쉰이 임원으로 선발되기 하루 전의 일로 엄밀히 말해 불법 행위였다. 루쉰은 이에 맞서 소송을 제기해 결국 이겼다.

결과적으로 이 싸움은 학생들의 승리로 귀결되었고, 학생들은 교정으로 돌아왔다. 아울러 이 사건을 통해 루쉰과 쉬광핑의 사이는 확고해졌다. 두 사람은 편지를 주고받는 사이에 동지를 넘어 남녀 관계로 발전했던 것이다.

루쉰이 편집한 1925년 10월 12일자 〈국민신보부간(을간)國民新報副刊(乙刊)〉에는 쉬광핑이 핑린平林이라는 필명으로 발표한 글이 실려 있다.

> 어느 뜻밖의 기회에 그 두 사람은 자신들도 모르는 사이에 가까워지게 되었다. 그러면서 어느덧 자연스레 서로를 이해하게 되었다. 두 사람이 사회 속의 세상 사람들로부터 오래도록 받아 왔던 냉대와 억압이, 두 사람을 자신들도 모르는 사이에 서로 연민하고 동정하면서 가까워지게 했던 것이다. (……) 사랑의 물결 속에서 머리를 감고 몸을 씻으며 헤엄치던 두 사람은 무엇이 이롭고 무엇이 해로운지, 무엇이 옳고 무엇이 그른지, 무엇이 선하고 무엇이 악한지도 모른 채, 그저 한마음 한뜻으로 사랑을 향해 내달렸다.

서로의 사랑을 확인한 뒤 쉬광핑은 루쉰에게 손수 '편안한 잠安睡'과 '누워서 유람하다臥游'라는 글자를 수놓은 베개를 선물했다. 그리고 얼마 후 쉬광핑은 두 사람의 관계를 공개적으로 선언하는 글을 발표했다.

> 용서하지 않아도 상관없다. 상대하지 않아도 상관없다. 합법적이든

비합법적이든 상관없다. 그것들 모두 우리와는 상관없다.

그러나 현실은 점점 더 암울해져 갔다. 사실 루쉰은 여사대 사건 이전에는 사회 문제에 별다른 관심을 보이지 않고 적극적으로 참여하지 않았다. 그런 의미에서 보자면 여사대 사건은 그의 일생에서 최초로 사회 문제에 눈을 뜨게 한 중요한 사건이었던 셈이다. 점점 더 악화되어 가는 당시 중국의 상황은 이제 루쉰을 단순히 강단의 학자에만 머물러 있지 못하게 내몰았다.

1926년 3월, 펑위샹馬玉祥의 국민군과 펑톈계 군벌 사이에서 전쟁이 벌어졌다. 사태가 확대되자 3월 16일에 일본과 영국, 미국, 프랑스 등 8개국은 1901년 의화단의 난 때 맺은 신축조약을 빌미로 모든 군사 행동을 중단할 것 등을 요구했다. 이것은 중국인의 입장에서 볼 때 명백한 내정간섭이었다.

그동안 서구 열강들과 맺은 불평등조약에 불만을 품고 있던 중국 인민들은 3월 18일 오전 10시 톈안먼 앞에서 '열강의 최후통첩에 반대하는 국민대회'를 열었다. 모여든 사람들이 10만 명에 이를 정도로 열기가 뜨거웠다. 오후 1시경, 사람들은 톄스쯔후퉁鐵獅子胡同에 있는 집정부執政部로 몰려갔다. 대표로 뽑힌 이들이 총리 쟈더야오賈德耀를 만나게 해 달라고 정문을 지키는 경비대와 교섭을 벌이는 사이 갑자기 안쪽에서 호통과 함께 총소리가 울려 퍼졌다(3 · 18 참안). 순식간에 일대는 피로 물들었고, 사람들은 일시에 사방으로 흩어졌다. 그러나 이미 47명이나 되는 사람이 목숨을 잃었고, 200여 명의 부상자가 발생했다. 사망자 가운데에는 베이징 여자사범대학 학생들도 두 명이나 포함되었다.

본래 쉬광핑도 그날 아침 시위에 참가하려 했다. 그러나 루쉰의 부탁으로 《소설구문초小說舊聞鈔》의 원고를 베껴 쓴 것을 전해 주고자 시싼탸오의 루쉰 집에 들렀다가 루쉰의 만류로 붙잡혀 원고 정리를 도와주었다. 그리고 당일 오후 두 사람은 비참한 소식을 들었던 것이다.

루쉰이 그를 만류한 것은 어떤 좋지 않은 예감이 들어서였을 수도 있다. 본래 루쉰은 청원이라는 것을 그리 탐탁지 않게 생각했다. 아무런 힘도 없는 군중이 이미 이성을 잃어버린 군벌들과 충돌하면 돌아오는 것은 참혹한 진압에 의한 엄청난 희생뿐이라는 사실을 잘 알고 있었다.

그러나 소식을 접한 두 사람은 큰 충격을 받았다. 희생된 여학생들은 쉬광핑과 친하게 지내던 친구들이었던 까닭에 그녀는 말할 수 없는 후회와 죄책감에 빠졌다. 루쉰 역시 비탄에 빠졌다. 그날 루쉰은 〈꽃 없는 장미 2無花的薔薇之二〉를 쓰고 있었다. 막 셋째 마디를 마쳤을 때 소식을 들은 루쉰은 원래 생각했던 대로 글을 써 내려갈 수가 없었다. 그는 비탄에 잠겨 글을 이었다.

4

이젠 무슨 '꽃 없는 장미' 따위를 쓸 때가 아니다.

비록 쓰는 것이 가시가 돋아 있다 해도 어느 정도는 평화로운 마음이 필요하다.

지금 베이징 시내에서 이미 대학살이 자행되었다는 소식을 들었다.

당시 테스쯔후퉁 1호에 있던 돤치루이 집정부 자리에는 3·18 참안을 기리는 비석 하나가 세워져 있다. © 조관희, 2014

내가 앞에서 쓴 것 같은 무료한 글을 쓰고 있을 때, 바로 수많은 청년들이 총칼을 맞고 있었다.

오호라! 사람과 사람의 영혼이 서로 통하지 않는 것이러니.

5

중화민국 15년(1926) 3월 18일 돤치루이 정부는 위병을 시켜 소총과 큰 칼로 국무원 문 앞에서 나라의 외교를 도우려는 뜻에서 맨손으로 청원하러 온 청년 남녀 수백 명을 포위 학살했다. 그러고도 모자라 포고령을 내려 그들을 '폭도'로 몰아붙였다.

이렇듯 잔인무도한 행위는 짐승들 사이에서도 찾아볼 수 없고, 인류 사회에서는 극히 드물게 보이는 것으로 러시아 황제 니콜라이 2세가 까자흐 병사들을 시켜 민중들을 쳐 죽인 일만이 그나마 조금 닮았다고 할 수 있다.

(……)

8

만약 중국이 그래도 멸망하지 않는다면, 기왕의 역사적 사실은 우리에게 가르쳐 주는 바가 있다. 앞으로 다가올 일은 학살자가 생각하는 것에서 크게 벗어날 것이라는 것을.

이것은 한 가지 사건의 끝이 아니라 시작이다.

먹으로 쓴 거짓말은 결코 피로 쓴 사실을 덮을 수 없다.

피로 진 빚은 반드시 같은 것으로 되갚아야 한다. 빚이 밀리면 밀린

만큼 더 큰 이자를 내야만 한다.

(……)

루쉰의 글은 '민국 이래 가장 암흑의 날'이라고 끝이 난다. 그러나 루쉰의 분기탱천한 어조와 달리 현실은 더 냉혹했다.

3·18 사건이 그즈음 광둥에서 일어나고 있던 혁명운동과 결합할 것을 두려워한 돤치루이 정부는 본격적인 탄압을 시작했다. 당일 청원의 주모자로 손꼽힌 베이징 대학 교수 리다자오를 비롯해 50여 명의 대학 교수들이 수배 대상에 올랐다. 여기에 루쉰도 포함되어 있었다. 루쉰은 체포당하지 않으려고 친우인 쉬서우창許壽裳과 함께 야마모토 의원山本醫院과 프랑스 의원法國醫院 등을 전전하다 1926년 8월 쉬광핑과 함께 14년간 머물렀던 베이징을 떠나 남방행 기차에 몸을 맡겼다.

이후 루쉰은 1929년 5월과 1932년 11월 두 차례에 걸쳐 베이징을 방문했을 뿐, 남은 삶을 대부분 남쪽 지방에서 보냈다. 그리고 1939년 10월 19일 상하이에서 세상을 떠났다. 장례식은 비록 그곳에서 치러졌지만, 베이징의 집 남쪽 거실에도 영정이 마련되어 아내 주안이 그곳을 지켰다. 그리고 세월은 다시 흘러 1946년 10월 쉬광핑이 20년 만에 베이징 시싼탸오의 집에 돌아와 그때까지 그곳에 살고 있던 주안과 만났다. 이듬해인 1947년 6월 29일 주안이 세상을 떠났는데, 장례 비용은 모두 쉬광핑이 부담했다.

1 저우쭤런, 〈루쉰의 옛집〉 / 주정 지음, 홍윤기 옮김, 《루쉰평전》, 북폴리오, 2006, 120쪽

2 왕샤오밍 지음, 이윤희 옮김, 《인간 루쉰》, 동과서, 1997, 80~81쪽

3 천광중, 《풍경》, 현암사, 2007, 34~35쪽

4 천광중, 앞의 책, 34~35쪽

5 왕샤오밍, 앞의 책, 123쪽

6 주정 지음, 홍윤기 옮김, 《루쉰평전》, 북폴리오, 2006, 141쪽

7 이 책의 우리말 번역본은 《중국소설사》(조관희 옮김, 소명출판, 2004)로 나와 있다.

후통,
베이징 뒷골목을 걷다

찾아가기

1. 루쉰 박물관

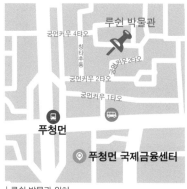

| 루쉰 박물관 위치

루쉰의 자취는 베이징 곳곳에 남아 있다. 특히 그가 베이징에서 마지막으로 살았던 시싼탸오후통 21호는 궁먼커우얼탸오후통宮門口二條胡同 19호로 바뀌었다. 1950년에 쉬광핑이 이 집과 루쉰의 유품 모두를 국가에 헌납한 뒤 이곳은 박물관으로 바뀌었다. 그리고 루쉰 탄신 100주년이었던 1981년부터 현재의 모습을 갖추고 사람들을 맞이하고 있다. 아울러 루쉰이 생전에 살았던 옛집은 박물관 내에 부속 건물로 보존되어 있다.

루쉰 박물관은 지하철 2호선 푸청먼 역에서 내리면 쉽게 찾을 수 있다. 역에서 나와 동쪽 바이타쓰白塔寺 방향으로 약 500미터 정도 걸으면 박물관으로 들어가는 입구가 나오고, 왼쪽으로 조금만 걸어 들어가면 박물관 정문이 바로 보인다. 박물관에 들어서면 정면으로 루쉰 석상이 있고, 그 뒤가 박물관 건물이다. 그곳에는 루쉰의 유물과 함께 저작들을 소개하는 물품들이 전시되어 있다.

| 루쉰 박물관 입구 ⓒ 조관희, 2014

| 루쉰 박물관 정문 ⓒ 조관희, 2014

| 루쉰 박물관 안에는 그가 생전에 좋아했던 헝가리 시인 페퇴피 샨도르의 흉상이 서 있다. ⓒ 조관희, 2004

2. 루쉰 고거

루쉰이 살던 옛집은 박물관 한 귀퉁이에 옛 모습 그대로 보존되어 있다.
그의 옛집은 전형적인 베이징 사합원 건물로, 현재까지도 원래 모습을
잃지 않고 남아 있다. 집 안에 심어져 있는 두 그루의 정향나무는 루쉰
이 생전에 심은 것이라 하는데, 현재는 크게 자라 울창한 그늘을 드리우
고 있다. 마주 보이는 오른쪽 방이 루쉰의 어머니가 기거하던 곳이고, 왼
쪽은 아내 주안이 기거하던 방이다. 루쉰의 생활공간이자 서재인 호랑
이 꼬리는 북쪽에 자리 잡고 있다. 한편 루쉰이 빨랫거리를 담아 놓았던
버들고리, 쉬광핑이 수를 놓아 선물했던 베개 등과 같은 유품들은 현재
일반에 공개되지 않고 있다.

| 루쉰 박물관 내에 있는 루쉰 고거 ⓒ 조관희, 2014

3. 바다오완후통

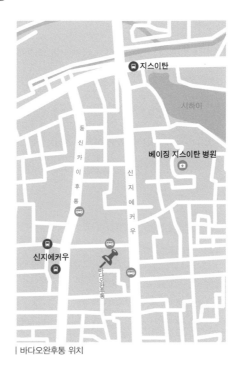

| 바다오완후통 위치

루쉰의 베이징에서의 흔적들은 모두 이런 식으로 보존되지 못하고 있다. 루쉰이 베이징에서 살았던 사오싱 회관, 바다오완후통, 좐타후통, 시싼탸오후통 가운데 시싼탸오후통만 제대로 남아 있고, 나머지는 퇴락하거나 아예 없어졌다. 많은 사람들이 북적대며 살아가는 사오싱 회관의 경우는 그렇다고 쳐도 바다오완후통과 좐타후통은 후통 재개발 때문에 없어진 것이다.

그런데 바다오완후통을 찾아가려고 구글 지도에서 검색을 했을 때 이상한 점을 발견할 수 있었다. 해당 위치에 대한 정보에 '지도상에 표시된 위치는 근사치입니다'라는 설명 글이 덧붙여져 있었던 것이다. 이것

후통,
베이징 뒷골목을 걷다

| 도심 재개발로 인해 철거된 바다오완후통 © 조관희, 2014

| 바다오완후통이라는 이름 대신 '쳰궁융후통前公用胡同'이라는 이름으로 찾아가야 한다. © 조관희, 2014

은 대개 지금은 없어진 지명에 붙는 글이었기에 혹시나 하는 마음으로 바다오완후통을 찾아갔다. 캉유웨이가 살았던 난하이 회관의 경우 철거 직전 모습이라도 카메라에 담을 수 있었지만, 바다오완후통은 이미 철거되어 그 흔적조차 찾을 수 없었다.

흥미로운 것은 재개발로 루쉰의 집이 없어진 것 외에도 바다오완후통이라는 이름 자체가 없어진 것이었다. 망연자실해 있는 필자에게 그곳에서 오래 살았다는 한 주민이 얼마 전까지만 해도 루쉰의 집을 찾아오는 이들이 종종 있었다며 자신도 루쉰의 집이 없어진 것을 아쉽게 생각한다고 말을 건넸다. 하지만 그의 말이 필자의 허탈한 마음을 달래 줄 수는 없었다. 루쉰이 살던 집이 없어진 것은 그렇다고 쳐도 바다오완후통이라는 이름마저 이제는 존재하지 않음에랴.

4. 좐타후퉁

| 좐타후퉁 위치

좐타후퉁은 다행히도 지도상에 그대로 남아 있었다. 그러나 조금은 불안한 마음을 안고 찾아간 좐타후퉁에는 과연 필자의 기대를 저버리지 않고(?) 루쉰이 살았던 61호가 없었다. 베이징 거리의 호수는 길 양편으로 홀수와 짝수로 일렬번호가 매겨져 있다. 좐타후퉁 61호를 찾아 호수를 확인해 나가던 필자는 호수가 59호에서 멈춰 버린 것을 확인하고 다시 한 번 놀라지 않을 수 없었던 것이다. 61호가 있어야 할 자리에는 아파트 단지가 들어서 있었다.

오래된 도심의 재개발은 베이징만의 문제는 아닐 것이다. 그러나 최근 이루어지고 있는 베이징 도시 개발의 속도는 사람들의 일반적인 예상을 훨씬 뛰어넘는다. 빠르게 변모하는 가운데 베이징의 역사는 우리의 기억 속에서 가뭇없이 스러져 가고 그것을 지켜보는 이들의 마음속에 아스라이 회한만 남기고 있을 뿐이다.

나의 마음은 아주 적막하다.

그러나 나의 마음은, 평안하다. 애증이 없고 애락이 없고 색깔도 소리
도 없다.

(……)

나는 몸소 이 공허 속의 어둔 밤에 육박하는 수밖에 없다. 나는 희망이
라는 방패를 내려놓고 페퇴피 산도르의 '희망'의 노래에 귀 기울였다.

희망이란 무엇인가? 창녀.
그는 누구에게나 웃음 짓고, 모든 것을 준다.
그대가 가장 큰 보물—
그대의 청춘을 바쳤을 때, 그는 그대를 버린다.

이 위대한 서정시인, 헝가리의 애국자가 조국을 위해 코사크 병사의
창끝에 죽은 지 벌써 75년이 되었다. 애달프도다. 그의 죽음이여. 그
러나 더 슬픈 것은 그의 시가 아직 죽지 않았다는 것이다.

(……)

절망이 허망한 것은 희망과 마찬가지이다.

1925년 1월 1일

_〈희망〉,《들풀》

| 왼쪽의 철문이 | 좐타후퉁 61호 자리에 들어선 아파트 입구다. ⓒ 조관희, 2014

| 좐타후퉁 59호 ⓒ 조관희, 2014

에드거 스노
Edgar Snow

서행만리西行萬里

에드거 스노

BEIJING

1930년대에 접어들면서 장제스의 국민당군은 공산당에 대해 전면적인 포위 토벌전을 벌여 중국 공산당을 거의 궤멸 위기에 처하게 만든다. 이에 공산당은 코민테른의 지도하에 취해 왔던 극좌 노선을 버리고 마오쩌둥을 새로운 지도자로 추대한다. 이후 공산당은 2년여 간의 사투를 거쳐 산시성陝西省 황토 고원 지역에 새로운 근거지를 마련하고 권토중래捲土重來를 꾀한다. 이것이 곧 세계사에 유례가 없는 '대장정Great March'이다. 이때부터 한동안 중국 공산당과 홍군은 국민당군의 철저한 포위 작전으로 외부 세계와 단절된 상황에 놓였고, 사람들은 그들의 동태에 많은 궁금증을 품게 되었다. 시간이 갈수록 중국 공산당에 대한 사람들의 호기심은 증폭되어 심지어 전설에 가까운 다양한 이야기들이 유포되고 있었다. 하지만 실제로 중국 공산당은 마오쩌둥과 홍군 지도자들을 중심으로 나름대로 호흡을 조절하며 힘을 기르고 있었다.

1936년 6월 어느 날, 미국 캔자스 출신의 젊은 기자 에드거 스노Edgar Snow, 1905~1972가 비밀리에 홍군 통치 지역에 잠입했다. 1927년 4·12 쿠데타[1] 이후 후난성湖南省 동남 지역에 중국 최초의 소비에트가 수립된 이래, 그때까지 자발적으로 국민당의 포위망을 뚫고 홍군 지역으로 들어갔다

산시성 양자거우에 있는 홍군 지도부 유적지 © 조관희, 2005

가 다시 돌아와 자신의 체험을 기술한 사람은 아무도 없었다. 그런데 벽 안의 젊은 신문기자가 생명의 위협을 무릅쓰고 미지의 세계에 발을 들 여놓았던 것이다. 실제로 스노는 그 과정에서 자신도 모르게 아찔한 순 간을 넘기기도 했다. 에드거 스노는 모르고 있었지만, 바로 그때 전선을 무대로 활개를 치고 다녔던 백군白軍 민병단이 그의 뒤를 쫓고 있었던 것 이다. 다행히도 홍군 수비대가 그들을 패퇴시켰기에 망정이지, 자칫 그 들에게 붙잡혔으면 어떤 일이 벌어졌을지 알 수 없는 상황이었다.

스노가 공산당을 철천지원수로 여기던 쟝졔스 국민당군의 포위를 뚫고 홍군 지역에 들어갈 수 있었던 데에는 당시 정세도 한몫을 했다. 1931년 9월 18일에 일어난, 이른바 만주사변으로 알려져 있는 류탸오거 우柳條溝 사건 이후 일본 제국주의 세력은 중국 침략을 본격화했다.

일본군이 만주 지역을 침공했을 때 장쉐량張學良은 장티푸스에 걸려 베 이징에 있는 협화의원協和醫院에 입원해 있었다. 이제 막 회복 단계에 접 어든 장쉐량은 닥쳐온 위기 상황을 혼자서 타개할 수 없어 어쩔 수 없이 의형義兄인 쟝졔스의 지원을 기대할 수밖에 없었다. 그러나 쟝졔스는 이 에 대해 별다른 언급을 하지 않았다. 속이 타 들어갔지만 장쉐량은 어쩔 수 없이 자신의 군대에게 최대한 인내심을 발휘하고 무력에 호소하지 말 것을 당부했다. 9 · 18 사변이 일어난 뒤 일본군의 본격적인 공세가 임박했음에도 장쉐량은 확전을 우려해 무저항을 명령했다. 결국 일본군 은 별다른 저항을 받지 않고 진격을 계속했고, 그해 말에는 만주 지역이 모두 일본군의 통제에 들어갔다.

결국 상황이 이쯤 되자 쟝졔스 역시 사태를 수수방관할 수 없었다. 쟝졔스가 취한 조치는 무력에 의한 저항이 아니라 외교적 수단을 통한 사태 수습이었다. 국민당 정부는 국제연맹에 이 사건을 제소했고, 국제연맹은 이에 따라 10월 13일 이내에 일본군의 철병을 결의하고, 11월에는 영국의 리튼 경이 지휘하는 조사단을 파견했다. 그러나 해가 바뀌어 1932년이 되어도 사태는 진정되기는커녕 악화되기만 했다.

1932년 1월 27일, 상하이 지역에서 반일운동이 일어나 일본군이 공격을 감행했다. 이에 이 지역을 지키고 있던 국민당 제19로군은 일본군에 맞서 결사항전을 벌였다(1·28 사건, 제2차 상하이 사변). 일본군은 군대를 증파하는 등 고전 끝에 겨우 중국군을 패퇴시켰다. 그러나 당시 무기와 병력의 열세에도 용감하게 싸웠던 19로군에게 쟝졔스는 아무런 지원도 하지 않았다. 결국 3월 3일 일본군의 정전 성명으로 협상을 벌인 끝에 5월 5일 '상하이 정전협정'이 맺어졌다. 주요 내용은 국민당 정부가 항일운동을 단속하고, 용맹하게 싸웠던 19로군을 상하이 밖으로 이동시킨 뒤 푸젠^福^建 지역으로 보내 버리는 등 굴욕적인 것이었다.

일본과의 협정 체결로 상하이 사변이 해결되자 쟝졔스는 곧바로 공산당에 대한 공격을 재개했다. 이것이 제4차 포위 공격이다. 이로써 일본군은 아무런 저항도 받지 않고 만주 지역을 마음껏 유린했다.

다시 해가 바뀌어 1933년 1월 만주에서의 중국 주권이 지켜져야 한다는 내용을 담은 〈리튼 보고서〉가 국제연맹에 제출되고, 열띤 논쟁 끝에 표결에 의해 보고서가 채택되었다. 이에 반발한 일본은 국제연맹을 탈퇴하고 다시 복귀하지 않았다. 일본군은 침공을 계속했고, 같은 해 5월

당시 중화소비에트공화국 수도 루이진 인근에 있는 위두에 세워진 장정 출발지 기념탑 ⓒ 조관희, 2014

만주 전역이 일본군의 손아귀에 떨어졌다. 국민당 정부는 일본의 만주 지배를 인정하는 정전협정을 맺었다.

일본과 정전협정을 맺은 뒤 쟝졔스는 또 다시 공산당군에 대한 공격을 준비했다. 이번 공세는 이전과는 상황이 많이 달랐다. 독일에서 군사 고문을 초빙한 쟝졔스는 그들의 조언에 따라 공산당의 소비에트 구역을 봉쇄하는 작전을 펴고 최후의 공세를 펼쳐 나갔다. 결국 1934년 4월 중화소비에트공화국의 수도인 루이진瑞金이 함락되고, 같은 해 10월 홍군 지도부는 고난의 '장정'을 떠나야만 했다. 1935년 1월, 일패도지一敗塗地 끝에 홍군은 구이저우성貴州省 쭌이遵義에 도착했다. 그곳에서 홍군은 오랜만에 휴식을 취하며 중앙정치국 확대회의를 열었다. 치열한 논의 끝에 당시 지도부가 물러나고, 마오쩌둥이 정치국 상임위원회 주석에 지명되어 명실상부하게 중국 공산당을 지배하는 위치에 올랐다.

이후 홍군은 윈난을 거쳐 쓰촨성四川省 서부에 이르는 우회로를 택함으로써 국민당의 공세를 피해 천신만고 끝에 같은 해 7월 쓰촨성 북부의 작은 시골 마을인 마오얼가이毛兒蓋에 도착했다. 이곳에서 전열을 정비한 중국 공산당은 8월 1일 중화소비에트정부 연명으로 〈항일구국을 위해 중국 공산당이 전체 동포에게 알리는 글〉이라는 제목의 이른바 '8·1 선언'을 발표했다. 이것은 하나의 선언에 지나지 않았지만, 항일은 뒷전에 미루어 두고 공산당 박멸에만 몰두했던 쟝졔스의 국민당 정부와 큰 차별을 보이는 행보였다. '북상항일北上抗日'이라는 방침이 정해지자 홍군은 다시 길을 떠났다. 도중에 많은 희생을 치르고 난 뒤 11월경이 되어서야 홍군은 비로소 산시성 북부 지역에 도착했다. 장정이 끝난 것이다.

그사이 쟝졔스가 지원군을 보내지 않고 외면하자 만주 군벌 장쉐량의

장쉐량과 장제스

군대는 어쩔 수 없이 일본군에게 쫓거나 산시성에 주둔하고 있었다. 산시성은 본래 다른 군벌들과 비슷한 경로를 거쳐 권력을 손에 쥔 양후청楊虎城이 지배하던 곳이었다. 그러나 만주에서 옮겨 온 장쉐량이 쟝졔스에 의해 국민당군 초비剿匪 부사령관에 취임하고, 또 장쉐량을 감시하고자 쟝졔스의 심복인 사오리쯔邵力子가 산시성 성장省長으로 부임하자, 양후청의 세력은 그만큼 감소했다. 당시 산시성은 이 세 사람에 의해 권력이 분점되어 위태로운 세력 균형을 이루고 있었던 것이다.

장쉐량은 일본군에게 자신의 근거지를 잃었기 때문에 당연하게도 일본에 대한 적개심을 숨기지 않고 계속적으로 항일을 주장했다. 그럼에도 쟝졔스의 생각은 바뀌지 않았다. 내부의 적인 중국 공산당을 섬멸하기 전에는 일본과 싸우지 않겠다는 것이 그의 확고한 신념이었다. 이에 불만을 품고 있던 장쉐량은 태업으로 자신의 울분을 풀 수밖에 없었다. 당시 산시성 북부 지역에 터를 잡고 있던 홍군들에 대한 공격은 잠시 중단되었고, 이에 따라 스노 역시 홍군 지역에 들어갈 만한 환경이 조성될 수 있었던 것이다.

1936년 6월 어느 날, 스노는 열차 편으로 베이핑(北平, 베이징의 당시 명칭)을 떠나 시안西安으로 향했다. 며칠이 걸려 시안에 도착한 스노는 양후청과 사오리쯔를 인터뷰하는 등 겉으로는 일상적인 활동을 하는 듯이 보였다. 그러면서 비밀리에 홍군 쪽에 선을 대 드디어 봉쇄선을 뚫고 홍군 지역으로 떠날 수 있었다. 이것은 사실상 당시 중국 공산당과 모종의 통일전선을 형성할 심정적 태세를 갖추고 있던 시안 주둔 만주군의 호의 때문에 가능했다. 실제로 산시성에서는 장쉐량의 동북군과 홍군 사이에 잠정적으로 적대 행위를 중단하고 그 어느 쪽도 상대방에 대한 통고 없이 병력을 이동시키지 않는다는 협약이 맺어진 상태였다.

스노는 시안을 출발한 지 이틀 만에 당시까지는 동북군의 통제에 있던 옌안延安에 도착했다. 다음 날 아침 스노는 노새몰이꾼 한 사람만을 대동하고 걸어서 길을 떠났다.

우리는 4시간 동안 구불구불 흐르는 조그만 냇가를 따라 걸었으나 사람이 사는 흔적은 전혀 찾아볼 수 없었다. 길은 전혀 없고 높은 암벽 사이로 빠르게 흘러가는 냇물 바닥뿐이었는데, 암벽 위로는 다시 황토 구릉이 높이 솟아 있었다. 지나치게 호기심이 많은 양귀(洋鬼, 서양인) 한 사람을 죽여 없애 버리기에는 더할 수 없이 좋은 장소였다. 이 노새몰이꾼이 내 소가죽 구두가 멋지다고 몇 번이나 감탄하는 것이 마음에 걸렸다.[2]

그러나 스노는 별 다른 어려움 없이 홍군 지역에 들어가 홍군을 만날 수 있었다.

해는 이미 한껏 떠올랐고 날씨는 굉장히 무더웠으며 나는 피로에 지친 모습이었고, 더구나 식사나 제때 했던가? 사실 나는 몹시 시장해서 더 이상 사양하지 않고 '홍비紅匪'와 갖는 첫 식사 초대에 응했다. 동행한 노새몰이꾼이 빨리 옌안으로 돌아갔으면 하는 눈치여서 나는

스노가 만난 마오쩌둥은 학구자이자 남독가, 연설가였다.

돈을 지불하고 작별 인사를 나누었다. 이 작별은 앞으로 여러 주일 동안 돌아가지 못할, '백색' 세계와의 마지막 연결과 고별하는 것이었다. 나는 '붉은' 루비콘 강을 건넌 것이었다.[3]

스노는 몇 군데 마을을 더 거쳐서 결국 당시 마오쩌둥이 머물고 있던 바오안保安에 도착했다. 이곳에서 스노는 홍군 지도자들을 만나 인터뷰를 진행했다. 특히 그때까지 베일에 싸여 있던 마오쩌둥을 만나 그때까지 그가 겪었던 일들을 소상하게 기록한 것은 이제껏 아무도 하지 못한 최초의 사건이었다.

나는 마오에게 받은 첫인상(주로 타고난 명민성을 지닌 인물이라는 인상)이 얼추 옳았다는 생각이 들었다. 그러면서도 마오는 중국 고전에 깊은 소양이 있는 학구자이자 닥치는 대로 광범하게 책을 읽는 남독가이며, 철학과 역사를 깊이 파고드는 학도이자 뛰어난 연설가이며, 기억력과 집중력이 비상한 사람이자 유능한 문필가이고, 또 자신의 습관이나 외양에는 무관심해도 담당한 직무 하나하나에 대해서는 놀라우리만치 세심한 주의를 기울이는 인물이며, 아울러 지칠 줄 모르는 정력의 소유자이자 비범한 재능을 지닌 탁월한 군사·정치 전략가였다.[4]

1936년 10월 중순, 스노는 4개월여의 체류 끝에 무사히 홍군 지역을 빠져나왔다.

그리고 돌아서서 내를 건넌 다음 그들에게 손을 흔들어 마지막 작별을 고하고 말에 몸을 실었다. 소수의 기병대가 나를 뒤따랐다. 내가 살아 있는 그들을 본 마지막 외국인이 되지 않을까 하는 불길한 생각 이 스쳐 지나갔다.[5]

돌아올 때는 들어갈 때보다 상황이 악화되어 있었다. 홍군에 우호적 인 동북군 대신 국민당 군대가 홍군 지역을 더욱 삼엄하게 봉쇄했던 것 이다. 스노는 어쩔 수 없이 동북군이 맡고 있는 지역을 통해 시안으로 돌아와야 했다.

그해 가을 베이징으로 돌아간 스노는 자신이 취재한 내용을 정열적으 로 기록해 〈차이나 위클리 리뷰China Weekly Review〉에 게재했다. 스노의 기사 는 즉각적인 반응을 불러왔다. 그때까지 어느 누구도 홍군의 실체에 대 해 그렇게 생생하게 묘사했던 적이 없었던 것이다. 마오쩌둥의 경우는 아예 신화화되어 그의 실제 모습에 대해 제대로 알고 있는 사람이 드물 었고, 심지어 그가 이미 죽었다는 소문까지 돌았을 정도였다.

스노가 작성한 보고서는 1937년 7월 런던에서 《중국의 붉은 별Red Star Over China》이라는 제목으로 출판되었다. 이 책은 그때 당시 마오쩌둥을 비 롯한 홍군 지도자와 대장정의 과정 및 그 이후 상황에 대한 가장 객관적 이고 정확한 기록으로 받아들여졌고, 스노는 한순간에 유명 인사가 되 었다.

에드거 스노는 1905년 미국 미주리 주 캔자스에서 태어났다. 현재도

후통,
베이징 뒷골목을 걷다

저널리즘 분야에서 유명세를 떨치고 있는 미주리 대학에서 공부했으나 졸업은 하지 못했고, 뉴욕으로 가서 주식 투자에 종사했다. 1929년 10월 24일, 뉴욕 월스트리트에서 주가가 대폭락하며 대공황Great Depression이 일어났다. 스노는 천행으로 바로 직전인 1928년에 갖고 있던 주식을 모두 팔고 세계 일주를 떠났다. 일본을 거쳐 상하이에 도착한 스노는 더 이상 여행을 지속하지 못했다. 스노와 마찬가지로 미주리 대학 저널리즘 스쿨 출신이었던 당시 〈차이나 위클리 리뷰〉의 편집자 포웰J. B. Powell이 그를 붙잡았던 것이다.

중국에서 활발하게 기자 생활을 하던 스노는 1932년 중국에 와 있던 미국 여성 헬렌 포스터Helen Foster, 1907~1997와 결혼했다. 헬렌 포스터는 이후 '님 웨일스Nym Wales'라는 필명으로 활동했는데, 우리에게는 1932년 말 일본의 미국 대사관에서 진행한 김산과의 인터뷰를 바탕으로 쓴《아리랑Song of Ariran》6의 저자로 유명하다.

1933년 봄, 두 사람은 베이징에 도착해 메이자후통煤渣胡同 21호에 방을 얻었다. 메이자후통은 베이징의 대표적인 번화가인 왕푸징에서 그리 멀지 않은 곳에 있는데, 예전에는 미국성경회美國聖經會와 영문지 〈시사일보時事日報〉가 자리하고 있었다.

인근에는 베이징에서 가장 유명한 병원인 협화의원이 있다. 이곳은 미국의 석유왕 록펠러John D. Rockefeller가 세운 록펠러 재단에서 수천만 달러를 투입해 세운 것이다. 그래서 이 병원은 '록펠러 병원'이라 불리기도 했으며, 임상병원으로서뿐만 아니라 최초로 서구 의학 체계를 받아들인 의대를 설립해 많은 의료인을 배출한 것으로도 유명하다. 1925년 북벌 중에 말기 간암으로 입원했던 쑨원이 숨을 거둔 곳도 이곳이고, 유명한

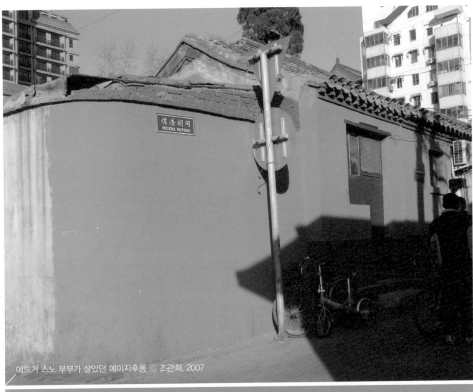

에드거 스노 부부가 살았던 메이자후퉁 ⓒ 조관희, 2007

베이징 협화의원 ⓒ 조관희, 2007

저우커우뎬周口店 구석기 유적지에서 발견된 베이징 원인의 두개골이 제 2차 세계대전의 혼란 속에 사라지기 바로 직전 보관되었던 곳도 여기였다. 1919년 9월에는 여학생이 예과에 입학했고, 1921년 본과에 진입함으로써 협화의대는 중국 최초로 남녀공학 의대가 되었다. 그리고 1920년에는 간호학과를 설치해 세 명의 학생을 받았으며, 1924년 2명의 의사와 1명의 간호사가 제1기로 졸업했다.

원래 협화의원이 있던 자리는 협소했기 때문에 록펠러 재단에서는 나중에 12만 5천 달러를 주고 인근 위친왕豫親王의 집을 구매했다. 그래서 베이징 협화의원과 의과대학은 사람들로부터 '위친왕부豫親王府'라 불렀는데, 당시 사람들에게 록펠러라는 이름은 그들이 매일 쓰고 있는 스탠다드 오일 회사의 석유와 동일시되었기에 중국어로 석유의 '유(油, you)'와 예친왕의 '예(豫, yu)'의 발음이 비슷하다는 데 착안해 '위왕부豫親王府'를 '유왕부油王府'라 부르기도 했다.

1933년 말, 스노와 님 웨일스는 옌징 대학燕京大學에서 강의를 맡았고, 학교에서 가까운 하이뎬海澱으로 집을 옮겨 1935년 여름까지 살았다.

옌징 대학은 현재 베이징 대학의 전신으로 알려져 있는데, 이것은 반은 맞고 반은 틀린 것이다. 원래 옌징 대학은 선교사들이 세운 몇 개의 미션스쿨이 합병되어 세워진 것으로, 초기에는 서로 다른 교회가 운영하고 서로 다른 학교를 합친 것이어서 관리가 혼란스러웠다. 그런데 1919년에 초대 총장으로 부임한 존 레이튼 스튜어트John Leighton Stuart, 중국명 司

徒雷登, 1876~1962가 어수선한 학교를 정비하고 이름을 정식으로 '옌징 대학'

으로 바꾸었다. 이후 스튜어트는 각지에서 기부금을 모아 학교 건물을

새롭게 짓는 등 몇 년간 노력한 끝에 옌징 대학을 중국에서 손꼽히는 명

문 대학 가운데 하나로 만들었다. 그리하여 1929년에는 문학원文學院과 이

학원理學院, 법학원法學院 등 모두 20여 개 학과를 개설해 중국의 교육계와

정계, 종교계에서 활약하는 뛰어난 인재들을 많이 배출하였다.

그러나 신중국 수립 이후 옌징 대학은 새로운 교육 법령에 따라 폐지

되어 문과와 이과는 베이징 대학에 편입되고, 공과는 칭화 대학, 법학원

과 사회학 계열은 베이징 정법대학(현재의 중국 정법대학)에 편입되었다. 그

리고 옌징 대학 교사는 모두 현재의 베이징 대학이 접수해 본래 시내에

있던 베이징 대학이 현재 자리로 옮겨 오게 되었다. 이후 국민당 정부가

대륙에서 쫓겨날 때 옌징 대학의 일부는 홍콩 중문대학 숭기학원崇基學院

이 되었으며, 이전부터 많은 교류가 있었던 미국 하버드 대학에는 하버

드―옌징 학사Harvard-Yenching Institute가 별도의 연구소로 세워져 현재까지 이

어지고 있다.

옌징 대학에서만 27년 동안 총장으로 근무했던 존 레이튼 스튜어트는

해방 이후 국민당 정부와 미국이 중국에서 떠나기 전 마지막 재중국 미

국 대사가 되어 국민당과 공산당의 갈등을 중재하려 노력했다.

선교사인 부모가 중국으로 건너와 항저우杭州에서 태어난 스튜어트는

비록 대학 교육은 미국에서 받았지만, 평생 자신의 정체성을 중국인으

로 내세울 정도로 중국에 대한 사랑이 지극했다. 당시 국민당 정부에 대

한 학생들의 반대 시위가 반미 시위로 이어지자 스튜어트는 학생들을

향해 이것은 미국에 대한 배은망덕한 행위라고 꾸짖었다. 하지만 돌아

당시 옌징 대학 교표(왼쪽), 루쉰이 베이징 대학 교수로 재직할 당시 고안한 베이징 대학 교표(오른쪽)

北京市文物保护单位

原燕京大学未名湖区

北京市人民政府
一九九零年二月二十三日公布
北京市文物事业管理局一九九零年十月立

현재 베이징 대학 웨이밍 호에 세워진 옌징 대학 표지석 ⓒ 조관희, 2004

온 것은 학생들의 냉소였고, 그의 발언은 오히려 학생들을 더 격앙시켰을 따름이었다.

결국 미국으로 돌아가 여생을 보낸 스튜어트는 죽기 전에 자신의 유해를 중국 땅에 묻고 싶다는 유언을 남겼으나, 국공내전 당시 국민당 편에 섰다는 이유로 뜻을 이루지 못했다.

그리고 2006년, 현재 국가 주석인 시진핑習進平이 당시 스튜어트의 고향 항저우가 있는 저쟝성浙江省의 공산당 지도자 자격으로 미국을 방문했을 때, 파티 석상에서 중국계 미국인 육군 소장인 존 푸를 만나 스튜어트의 유해가 중국에 묻힐 수 있게 허락해 달라는 부탁을 받았다. 시진핑이 이를 수락함으로써 사후 46년 만에 스튜어트는 고향 땅인 항저우에 묻힐 수 있었다. 나아가 항저우 시는 그의 생가를 박물관으로 만들었다.

다시 스노에 대한 이야기로 돌아와서 스노가 홍군 지역에 들어갔다 나온 뒤로 스노 부부는 현재 베이징 역 바로 옆에 있는 쿠이쟈盔甲廠후통 13번지에서 2년 남짓 살았다. 스노가 《중국의 붉은 별》을 집필한 것도 바로 이 집에서였다. 베이징의 후통 이름은 다양하게 지어졌는데, 사람 이름이 들어가는 경우도 있고, 일상생활에 필요한 생필품의 이름을 딴 것도 있다. 쿠이쟈후통에서 쿠이쟈, 곧 회갑盔甲은 투구와 갑옷을 말하는데, 명 대 이후로 이곳에 투구와 갑옷, 화약 등을 만드는 회갑창盔甲廠이라는 기관이 있었다고 한다.

일본군의 중국 침략이 본격화된 뒤, 베이징에서의 여러 가지 상황이

후통,
베이징 뒷골목을 걷다

악화되자 스노 부부의 결혼 생활 역시 냉랭해졌다. 전하는 말로는, 자신의 감정을 잘 드러내지 않는 조용한 성품의 스노와 달리 님 웨일스는 성격이 강하고 불의를 보면 참지 못하고 끝없이 비평을 하는 타입이었다고 한다. 일이라는 측면에서는 서로의 글에 대해 조언을 하고 비평해 주는 좋은 동료가 될 수 있었지만, 일상적인 문제에서는 많이 부딪혔던 것이다. 1940년, 결국 님 웨일스는 홀로 중국을 떠나 필리핀을 거쳐 미국으로 돌아갔고, 이듬해에 스노 역시 중국을 떠나 미국으로 돌아갔다. 그 뒤로도 두 사람은 계속 별거하다가 1949년에 공식적으로 이혼했으며, 스노는 여배우 로이스 와일러와 재혼했다.

1942년, 스노는 〈새터데이 이브닝 포스트Saturday Evening Post〉 지의 특파원으로 인도와 중국, 러시아를 돌며 제2차 세계대전을 취재했다. 1950년대에 들어서는 미국에 매카시즘의 광풍이 몰아치자 스위스 제네바로 이주했다. 만년에 스노는 1960년과 1964년에 두 차례 더 중국을 방문했고, 그때마다 '중국 인민의 미국 친구中國人民的美國朋友'로서 열렬한 환영을 받았다. 스노는 생전에 중국에 대한 자신의 애정을 다음과 같이 밝힌 바 있다.

중국에 있어서 나 개인의 의미란 역사라는 커다란 물결 위에 떠서 흘러가는 하나의 낱알 이상이 아니라는 사실을 깨닫게 되었다. 하지만 중국은 나의 일부가 되어 다음과 같은 생생한 장면과 인격으로 다가왔다.

기근이란 백만 살은 된 것 같은 말라붙은 가슴을 지닌 처녀를 의미했으며, 공포란 불타는 전쟁터에 방치되어 아직 숨이 남아 있는 병사들

에드거 스노와 쑹칭링

의 살을 뜯어먹는 쥐 떼를 의미했고, 반역이란 짐승처럼 네발로 기어 다니며 짐을 나르는 아이를 보았을 때 느꼈던 분노를 의미했으며, 공산주의란 집안의 아들 셋이 공산군에 가담했다고 해서 일가족 56명이 처형당한 것을 복수하기 위해 싸우는 젊은 농부를 의미했다. (……) 나는 이와 함께 내 마음속에 어둡게 굳어 있는 공포와 비겁함을 목격하고, 유치하게도 한때 나보다 열등한 존재로 보았던 하층민들에게 용기와 결단을 보았던 것이다.

그렇다! 이들 모두에 나 역시 속할 것이다. 중국의 황갈색 언덕과 초록색 논들, 이른 아침 안개 속에 보이는 절들, 나를 신뢰하거나 사랑했던 몇몇 사람들, 나를 재워 주고 먹여 주었던 가난하지만 쾌활하고 교양 있는 농민들, 햇볕에 그을리고 누더기를 걸친 채 눈만 반짝이던 아이들 그리고 무엇보다도 불결하고 굶주리고 경멸받지만, 자신의 생명을 희생함으로써 수많은 생명에 가치를 부여한 농민전사! 이들 모두에 나의 일부는 남아 있는 것이다.

1969년, 미국 정부의 부탁으로 중국을 다시 방문한 스노는 중국 지도부로부터 '닉슨 대통령이 방중한다면 우리는 그를 환영할 것이다'라는 메시지를 가져오기도 했다. 그러나 스노는 당시 한창이었던 문화대혁명 와중에 마오의 개인 숭배가 횡행하고, 혁명에 참가했던 동지들을 숙청하는 것을 보고 환멸감을 느끼기도 했다.

이후 스위스로 돌아온 스노가 암으로 투병 생활을 할 때는 저우언라이가 그를 위해 중국인 의사들을 파견하기도 했다. 1972년 2월 15일에 세상을 뜬 스노는 생전에 자신의 유해를 반반씩 미국과 중국에 묻어 달

베이징 대학 교내에 있는 에드거 스노 묘 © 조관희, 2005

라는 유언을 남겼다. 과연 그의 소원대로 그의 유해는 반으로 나뉘어 절반은 미국에, 절반은 중국에 묻혔다. 현재 베이징 대학 교내 웨이밍 호未名湖 호반에 있는 무덤이 바로 그것이다.

---

1 1927년 4·12 쿠데타는 국민당과 공산당의 제1차 국공합작과 밀접한 연관이 있다. 1921년 7월 탄생한 중국 공산당은 그해 제1기 전국대표대회 직후 제국주의와 군벌을 타도하고 민족혁명을 성취할 목적으로 국민당과의 합작을 결정하였다. 이는 1920년 레닌이 코민테른 제2차 대회에서 '민족 및 식민지 문제에 관한 테제'를 발표, 식민지 해방 투쟁에서 부르주아의 역할을 중요시한 데 따른 것이다. 1920년경부터 반제(反帝), 반봉건의 입장을 취해 오던 국민당도 이에 긍정적인 반응을 보였고, 1923년 〈쑨원-요페 선언〉을 거쳐 공산당과 국민당 사이에 공식적인 연합전선이 형성되었다. 이에 따라 국민당은 1924년 제1기 전국대표대회에서 연소(聯蘇), 용공(容共), 농공부조(農工扶助)의 3대 정책을 채택함으로써 국공합작이 성립되었다. 공산당원은 그 당적을 보유한 채 개인 자격으로 국민당에 입당하는 형식을 취하여 리다자오 등 세 명이 중앙집행위원, 마오쩌둥 등 네 명이 중앙집행위원 후보에 선출되었다. 이에 힘입어 노동운동과 농민운동이 급속히 발전하였으며, 1927년 우한에 혁명정권이 수립되기까지 하였다. 그런데 이와 같은 좌파의 영향력 확대를 두려워한 장제스는 1927년 4월 12일 상하이에서 반공 우파 쿠데타를 감행함으로써 국공합작은 결렬되고 공산당은 불법화되었다. 이 패배에 큰 타격을 입은 중국 공산당은 토지혁명을 추진함으로써 농촌 지역에서의 세력 확장에 주력하였으며, 마오쩌둥을 지도자로 하는 장시성의 '중화 소비에트'를 성립시켜 난징 정부에 대항하였다. 이로부터 10년에 걸쳐 국공내전이 전개되었다.

2 에드거 스노 지음, 신홍범 옮김, 《중국의 붉은 별》, 두레, 1985, 47쪽

3 에드거 스노, 앞의 책, 49쪽

4 에드거 스노, 앞의 책, 84쪽

5 에드거 스노, 앞의 책, 377쪽

6 님 웨일스 지음, 송영인 옮김, 《아리랑-조선인 혁명가 김산의 불꽃같은 삶》, 동녘, 2005

후통,
베이징 뒷골목을 걷다

1. 메이자후통

| 메이자후통 인근 지도

이방인으로서 일 때문에 잠시 베이징에 머물렀던 에드거 스노의 흔적은 사실상 남아 있지 않다. 그가 베이징에서 살았던 곳은 대략 메이자후통과 하이뎬 지역, 쿠이쟈후통으로 대별되는데, 해당 지역들은 모두 현재까지 그대로 남아 있지만, 스노가 살았던 곳이 어디였는지는 특정할 수 없다.

메이자후통은 왕푸징 인근으로 주변에 중화성경회 구지와 협화의원 등이 있다. 중화성경회는 1920년대에 미국 성공회 선교사들이 중국에서의 선교를 목적으로 지은 것으로, 현재는 중국 기독교교무위원회로 바뀌었는데, 중국 기독교운동의 본부 격이라 할 만하다.

2. 중화성경회^{YMCA} 구지

▌메이자후통 동쪽 끝자락에 있는 중화성경회 구지 ⓒ 조관희, 2014

중화성경회는 우리 역사와도 긴밀한 관계를 맺고 있으니, 일제 시대에 베이징 고려기독교청년회 사무실이 바로 이곳에 있었다. 당시 베이징에 머물면서 독립운동을 펼쳤던 인사들은 그 배경이 다양했다. 순수한 민족주의자부터 무정부주의자, 사회주의자까지 다양한 계통의 노선과 이념을 추구했던 이들이 베이징을 무대로 활약했다. 이 가운데 앞서 언급한 바 있는《아리랑》의 주인공 김산도 있었는데, 그는 이곳에서 승려 출신의 독립운동가인 김성숙金星淑, 1898~1969을 만나 의기투합한 바 있다고 한다. 김산은 베이징에 머물던 시절에 협화의과대학에서 의학을 공부했는데, 이때 김성숙을 만나 마르크스 레닌주의에 눈을 뜨고, 나중에는 중국 공산당에도 가입했다. 그러나 나중에 김산은 일제의 밀정이라는 오해를 받고 중국 공산당에게 처형당했다. 죽기 전에 김산은 이런 말을 남겼다.

내 전 생애는 실패의 연속이었다. 또한 우리나라의 역사도 실패의 역사였다. (……) 다행스럽게도 내가 경험했던 비극과 실패는 나를 파멸시킨 것이 아니라 강하게 만들어 주었다. 나에게는 환상이라는 것이 거의 남아 있지 않다. 그렇지만 나는 사람에 대한 신뢰와 역사를 창조하는 인간의 능력에 대한 신뢰를 잃지 않고 있다. 역사의 의지를 알 사람은 누구일까? 살아가기 위해서는 반드시 폭력을 뒤엎지 않으면 안 되는 피억압자일 뿐이다.

_ 김산, 《아리랑》

많은 사람들이 단순히 관광지로만 알고 있는 왕푸징 거리 부근에는 이처럼 의미 있는 역사 유적지들이 깨알같이 숨어 있다.

신채호
申采浩

울분 속에 살다 간 우국지사

신채호

BEIJING

1919년 3월 1일 오후 2시, 민족대표 33인 중 29명이 서울 태화관에 모여 독립선언서를 열람하고, 한용운의 선창으로 "대한 독립 만세!"를 우렁차게 삼창三唱했다. 같은 시각에 탑골공원에서는 서울 시내 중학교급 이상 학생과 시민 수만 명이 모여 역사적인 독립선언식을 거행하고 "조선 독립 만세!"를 외친 뒤 평화적인 가두시위에 나섰다. 이것을 기화로 독립 만세의 함성이 들불처럼 번져 전국 방방곡곡으로 확대되었다. 이 소식은 해외에도 전해져 서간도와 북간도를 비롯해 연해주와 중국, 미국 등 한국인 교포들이 사는 곳에서는 모두 민족 독립선언식과 시위 행진이 계속 이어졌다.

당시 베이징에 머물고 있던 신채호申采浩, 1880~1936 역시 3·1 운동이 일어났다는 소식을 듣고 감격에 휩싸였다. 그러나 곧 냉정을 되찾고 조국의 독립을 위해 무언가를 하고자 각지에 흩어져 있는 동지들과 빈번한 연락을 취했다. 그 무렵 해외 독립운동 거점 가운데 하나였던 상하이에서는 임시정부를 수립해야 한다는 논의가 일고 있었다. 그리고 3·1 운동이 일어나자 이에 호응한 애국지사들이 속속 상하이로 몰려들었다. 3월 하순에서 4월 초순에 이르는 동안 이동녕과 이시영, 김동삼, 조소

앙, 조완구, 신익희, 여운형 등의 인사가 상하이에 왔고, 신채호 역시 같은 시기에 상하이에 도착했다.

4월 10일, 임시정부의 조직을 발의하는 역사적인 회의가 상하이 프랑스 조계 내 진선푸루(金神父路, Route Pere Robert, 현재의 상하이 시 루완 구盧灣區 루이진얼루瑞金二路이며, 이는 1943년 이전의 명칭이다)에 있는 한 주택에서 열렸다. 이 자리에 참석한 이들은 신채호를 비롯해 현순, 손정도, 신익희, 이회영, 이시영, 이동녕, 조완구, 김철, 선우혁, 여운형, 여운홍 등이었다. 회의 시작과 동시에 이 모임의 성격에 대한 조소앙의 동의와 신석우의 재청으로 제1차 임시의정원 회의가 가결되었다. 그리고 의장에는 이동녕, 부의장에는 손정도, 서기에는 이광수와 백남칠이 선출되었다.

그러나 정작 회의는 각자의 이해타산으로 난산을 거듭했다. 그중에서도 가장 민감한 문제는 정부 수반인 국무총리의 추대를 놓고 벌어진 논란이었다. 회의는 다음 날인 11일 새벽까지 이어졌다. 처음에는 신익희의 발의로 국내에 있는 손병희가 추대되었으나 채택되지 못했고, 신석우와 조완구 등의 동의와 재청으로 한성정부의 집정관총재로 추대되었던 이승만이 추천되었다. 이때 신채호는 이에 격렬하게 반대했다.

"미국에 들어앉아 외국의 위임통치나 청원하는 이승만을 어떻게 수반으로 삼을 수 있단 말이오. 따지고 보면 이승만은 이완용이나 송병준보다 더 큰 역적이오. 이완용 등은 있는 나라를 팔아먹었지만, 이승만은 아직 우리나라를 찾기도 전에 있지도 않은 나라를 팔아먹은 자라는 말이오."

이보다 2개월 전인 2월 16일에 미국 연합통신[1]에 의해 재미 대한인국민총회 임시위원회 대표 자격으로 이승만과 정한경, 민찬호 등이 한국

후통,
베이징 뒷골목을 걷다

이 완전한 정부를 설립하고 내치와 외교의 권리가 있을 때까지 국제연맹 위임통치에 부쳐 보호받게 해 달라는 내용의 위임통치청원서를 당시 미국 대통령인 우드로 윌슨에게 전달했다는 소식이 보도되었다. 이 소식을 들은 국내 애국지사뿐 아니라 신채호를 비롯해 중국에 있던 인사들 역시 크게 분개했다. 신채호가 이승만의 국무총리 추대를 반대한 것은 그럴 만한 까닭이 있어서였다.

국무총리 추대는 한 사람씩 추천하면, 그에 대한 의결로 진행되었다. 우선 조소앙이 박영효를 천거했으나 부결되었고, 이어 신채호가 박용만을 추천했다. 박용만은 하와이에서 무장투쟁론을 내세워 군사훈련을 시키는 와중 당시 베이징에 머물고 있었다. 그러나 박용만 안도 부결되었다. 계속해서 이상재와 신채호, 안창호, 이동녕, 조성환, 김규식 등의 인사가 천거되었으나 모두 부결되었다. 결국 마지막으로 이승만과 안창호, 이동녕 세 사람을 두고 무기명 단기식 투표를 한 결과 이승만이 국무총리에 선출되었다. 신채호는 자리를 박차고 일어나 회의장을 떠났다. 이때 회의장 문을 지키고 있던 한위건, 백남칠 등과 같은 젊은이들이 문을 가로막았다. 당시 회의장은 어렵사리 마련한 회의를 성사시키는 데 죽음도 불사하겠다는 열혈 청년들의 결기와 열정으로 휩싸여 있었다. 그러나 신채호는 주위의 만류와 위협에도 굴하지 않고 그 자리를 떠났다.

> 그는 (……) 이승만 박사의 먼데토리(mandatory rule을 가리키며, 곧 위임통치를 의미한다) 문제는 대의상 용서할 수 없고, 안도산은 국민회장으로 이 박사를 대표로 임명 파견하였으니, 그래서 사분私分으로 무척 흠모하

건마는 찾지 아니하노라고 말하고

"우리가 이제 남은 것이 무엇이오? 대의밖에 더 있오? 절개밖에 더 있오?"

하고, 절개의식의 마멸은 무엇보다도 무서운 것이라고 극론極論하였다.

(……) 먼저 임시정부를 조직할 때에는 단재는 이박사의 수반을 반대하여 일좌一座의 위협 만류도 듣지 아니하고

"나를 죽이구랴."

하고 벌떡 일어나서 유유히 회장에서 나가버리고 말았다. 그것도 기미년 4월 10일 그 전날, 즉 9일부터 만 24시간 불면불휴不眠不休로 토의한 임시정부 성립의 날이었다. 그는 열혈 있는 청년 수인의 생명에 대한 위협도 모른 체하고 초지初志를 굽히지 아니하였다. 거기 단재의 불굴하는 성격이 가장 잘 나타났던 것이다.

_이광수, 〈탈출 도중의 단재 인상〉

결국 임시정부는 국무총리 이승만, 내무총장 안창호, 외무총장 김규식, 재무총장 최재형, 법무총장 이시영, 군무총장 이동휘, 교통총장 문창범 등을 선출하여 출범했다. 그러나 정작 이승만은 정식으로 취임하지도 않은 채 미국에 머물며 임시정부 이전에 결성된 한성정부[2]의 집정관 총재 자격으로 활동을 펼치고 있었다. 이때 대외적으로는 'President', 곧 대통령이라는 호칭을 사용했는데, 임시정부에서는 공식적으로 프레지던트라는 호칭을 사용하지 말 것을 종용하는 공문을 보냈다. 그러나 이승만은 이미 각국에 보낸 국서에 프레지던트 호칭을 사용했기에 이것을 거두어들이면 오히려 혼란을 가중시킬 우려가 있다는 회신을 보내왔다.

이에 어쩔 수 없이 위인설관[爲人設官] 격으로 임시정부는 이승만의 국무총리 직위를 대통령으로 바꿔 사용하는 것을 승인하는 정부 조직 개편안을 의정원에 제출했다. 그리고 1919년 8월 28일 제6회 임시의정원 회의에서는 임시대통령, 임시의정원, 국무원, 법원 등 삼권 분립에 입각한 임시헌법 개정안과 총리제를 대통령제로 하여 이승만을 추대하는 임시정부 개조안이 상정되었다.

이로써 임시정부는 크게 창조파와 개조파로 나뉘어 대립했다.

창조파는 외교론이나 실력 양성론을 내세우며 3·1 항쟁으로 봉기한 국민의 독립투쟁의 열정을 실천하지 못하고 있는 임시정부를 해체하고 새로운 정부를 구성하자는 주장이었다. 여기에는 단재와 박은식, 김창숙 그리고 노령에서 독립운동을 해 온 무장투쟁 세력과 북경의 박용만 세력이 합세하였다.

반대로 개조파는 3·1 항쟁 후 독립운동 세력의 총의로 구성된 상해 임시정부를 해체하고 달리 정부를 구성한다는 것은 현실적으로 불가능하다는 주장이었다. 이승만, 안창호를 비롯한 임시정부 지도층 대부분이 여기에 동조하였다.[3]

당시 신채호는 박은식, 김창숙과 같은 여관에 묵고 있었다.

그때 마침 나와 상해에서 한 여관에 기거하던 단재 신채호 선생과 백암 박은식 선생의 친구가 미국에 있었는데, 그 친구로부터 이승만 씨가 윌슨 대통령에게 제출한 위임통치청원서의 원문과 번역문을 서신으로 신채호 선생에게 보내왔다.

하루는 백암 선생과 내가 여관에 있자니까 신채호 선생이 편지 한 장을 들고 들어와 아무 말 없이 펑펑 울기 시작했다. 그래서 "무슨 일이 길래 말도 없이 우시오?"라고 물었더니, 그는 미국 친구가 보내온 서신을 내보였다. 물론 왜인의 한국 침략도 분하기도 하지만, 그렇다고 조국을 미국 위임통치하에 넣겠다고 하므로 (……) 이것이 웬 말이냐고 우리 3인이 통곡을 했던 것이다. 여기서 우리 3인은 이승만 씨를 임정에서 제거하지 않으면 안 되겠다는 결론을 내리고 그의 제거 공작에 착수했다.[4]

그러나 결국 이들의 주장은 호응을 얻지 못하고 임시정부 내에서 고립되었다. 이에 실망한 신채호는 임시정부와 결별하고, 일본 제국주의 세력뿐 아니라 임시정부도 비판하는 독자 노선을 걸었다.

평생을 독립운동과 한국사 연구에 헌신한 신채호가 고국 땅을 떠나 망명길에 오른 것은 1910년 한일 강제합방으로 나라가 망한 뒤였다. 이후 중국 칭다오를 거쳐 러시아령 블라디보스토크와 상하이를 거쳐 만주 지역을 떠돌다 1915년 이회영의 권유로 베이징에 정착했다. 이후 1919년 3·1운동이 일어날 때까지 신채호는 베이징에서 주로 역사 연구에 매진하고 베이징 교외의 유적지를 답사하면서 사료를 수집하였다.

베이징 시절 신채호가 거주했던 곳은 대여섯 곳 정도 밝혀졌다.

1915년 베이징에 도착한 뒤 1917년 조카딸의 결혼 문제와 제자인 김기수의 조문 때문에 일시 귀국할 때까지 신채호의 거처가 어디였는지는 알려져 있지 않다. 1918년에 다시 베이징으로 돌아왔으며, 베이징 대학 리스청李石曾 교수의 주선으로 푸퉈안普陀庵이라는 곳에서 거주했다. 1919년에 임시정부 수립 문제로 상하이에 다녀온 뒤, 1920년 이회영의 부인인 이은숙의 중매로 박자혜와 결혼해 베이징 진스팡제錦什坊街에 신혼살림을 꾸렸다. 그때 신채호는 41세로 재혼이었고, 박자혜는 26세였다. 이듬해에 두 사람은 베이징 차오더우후퉁炒豆胡同으로 이사했고, 이 시기에 아들 수범秀凡이 태어났다.

당시 국어학자 이윤재가 베이징에 온 김에 신채호를 만났다.

15년 전의 일이다. 내가 북경에 가 있을 적에 누구보다도 제일 먼저 만나 본 이가 신단재甲丹齋였다. 그때 내가 동안공우東安公寓란 데에 여숙旅宿하고 있었는데 잠깐 밖에 나갔다가 돌아온 즉 책상 위에 조그마한 종이쪽이 얹혀 있었는데, 거기에 "오늘 아침에 예왕부豫王府에 갔더니 이여천李與天 씨에게서 선생의 내연來燕을 승문承聞하였나이다. 이제 배안拜眼하지 못하옴은 실로 겸측嗛仄하는 바이다. 후일 재방再訪하기로 하오니 혜량惠諒하소서."라 썼으며, 끝에 '북성北城 초두호동炒豆胡同 XX호 신채호'라는 서명이 있었다.

신채호 씨의 이름은 일찍 〈대한매일신보〉에서와 〈대한협회월보〉에서와 〈권업신문〉(블라디보스토크에서 발간)에서와 〈천고天鼓〉(베이징에서 발간)에서 익히 알았고, 《을지문덕전》, 《연개소문전》, 《최도통전》 기타 역사 논문 등을 읽어 그 성격을 잘 알았을 뿐이요, 아직 면식面識한 일

차오더우후통 ⓒ 조관희, 2014

은 없었다. 이렇게 일찍 서로 면분面分이 없는 터에 친절하게도 먼저 찾아 줌에는 무어라고 형용할 수 없는 고마운 정을 스스로 금할 수 없었다.

나는 곧 양차洋車를 불러 초두호동으로 찾아갔다.[5]

그러나 생업에만 전념할 수 없었던지라 신채호의 베이징에서의 신접 살림은 곤궁하기만 했다.

그해 4월 19일, 신채호는 김원봉, 김창숙, 남공선, 이극로, 박건병, 서왈보, 배달무, 송호, 오성륜, 장건상 등 54명의 연명으로 이승만과 정한경을 규탄하는 〈성토문〉을 기초하였다.

다시 해가 바뀌어 1922년 4월, 내부 분열 등으로 활동이 지지부진하던 임시정부의 쇄신을 위해 국민대표회의를 개최한다는 안건이 가결되었다. 신채호는 이를 적극 지지했다. 그러나 현실은 냉혹했다. 고정된 수입이 없는 상태에서 가족의 생계를 해결하는 동시에 독립운동까지 진행할 수는 없었다. 결국 신채호는 가족을 귀국시키고 홀로 남아 독립운동과 우리 고대사 연구에 매진하였다.

그해 말 신채호의 집에 김원봉이 찾아왔다. 당시 25세의 김원봉은 이미 수차례에 걸쳐 국내외에서 일본 제국주의 세력에 테러를 감행한 바 있는 무장투쟁단체 의열단義烈團을 이끌고 있었다. 당시 김원봉이 신채호를 찾은 것은 요인 암살이나 주요 시설에 대한 테러 못지않게 선전 활동이 중요하다는 사실을 깨달았기 때문이었다.

암살과 파괴만이 능사가 아니다. 행동만이 있고 선전이 뒤따르지 않을 때, 일반 민중은 행동에 나타난 폭력만을 보고 그 폭력 속에 들어 있는바 정신을 이해하지 못할 것이다.

부절不絶하는 폭력과 함께 또한 꾸준한 선전과 선동과 함께 계몽이 반드시 있어야 한다.[6]

의기투합한 신채호와 김원봉은 베이징을 떠나 상하이로 향했다. 상하이에서 다른 동지들과 만나 지적인 자극을 비롯해 다양한 영감을 얻은 신채호는 약 1개월에 걸쳐 일명 '의열단 선언'이라 불리는 〈조선혁명선언〉을 집필했다.

조선민족의 생존을 유지하자면 강도 일본을 구축할지며, 강도 일본을 구축하자면 오직 혁명으로써 할 뿐이니, 혁명이 아니고는 강도 일본을 구축할 방법이 없는 바이다.

이것은 무력을 통해 항일 투쟁을 해 나갈 것을 천명한 의열단의 이념과 행동 지침을 합리화한 것이다. 곧 신채호 자신의 무장투쟁노선과 저항적 민족주의 사상을 집약해서 보여 주는 중요한 문건이라 할 수 있다. 그 뒤 의열단은 이 선언문을 대량으로 인쇄하여 테러 행위를 할 때마다 현장에 살포하였다. 그리하여 사람들에게 자신들의 대의를 알리고 행위의 정당성을 호소하였던 것이다.

1923년 1월 3일부터 상하이에서 국민대표회의가 열렸다. 약 70여 개의 독립단체 대표 123명이 독립운동의 노선을 놓고 열띤 토론을 벌였는데, 이때도 사람들은 개조파와 창조파로 나뉘어 서로의 주장을 굽히지 않았다. 양측의 극단적인 대립으로 그해 5월까지 이어진 국민대표회의는 결렬되었고, 독립운동 역시 통합되지 못했다. 결국 창조파는 6월 7일 새로운 헌법을 제정하고 블라디보스토크에서 새로운 정부를 구성했다. 그러나 소련 정부는 자국 내에서의 반일 활동을 금지했기에, 이들의 활동은 중단될 수밖에 없었다.

이에 실망한 신채호는 실의와 좌절 속에 무정부주의와 불교에 빠져들었다. 이후로 신채호는 베이징으로 돌아와 순즈먼順治門(현재의 쉬안우먼宣武門)[7] 내 스덩안石燈庵에서 기거하면서 한국 고대사 연구와 집필에 몰두했다. 이때 신채호는 베이징 대학 교수 리스청의 주선으로 《사고전서》를 섭렵했고, 당시 베이징 대학 도서관 주임이었던 리다자오와도 친교를 맺어 도서관 장서를 열람할 수 있었다. 신채호의 한국사 연구는 이때부터 본격적으로 시작되었다고도 할 수 있다.

1924년 3월에는 생활고도 해결하고 집필 활동도 계속하기 위한 빙편으로 베이징 톈챠오天橋 인근 관인후통觀音胡同에 있는 관인쓰觀音寺에서 새벽 2시에 일어나 오후 10시까지 부처에게 배례하는 61일간의 계를 마치고 정식으로 승려가 되었다.

그러나 신채호의 승려 생활은 그리 오래가지 못했다. 승려로 지낸 1년도 안 되는 기간에도 몇 편의 논문을 집필하고, 국내의 신문에 계속 글을 기고했다. 결국 1925년 4월경에 승려 생활을 청산하고 베이징 시단西單 파이러우牌樓 인근에 있는 한세량의 집에서 김창숙, 최이연 등과 동거했다. 또한 이호영의 샤오징창小徑廠 하숙집에서 기거하는 등 동가식서숙하면서 다양한 활동을 벌였다.

1928년에는 독서와 집필에 몰두한 나머지 눈병이 악화되었고, 완전히

스덩안이 있던 스덩후통 ⓒ 조관희, 2014

실명하기 전에 어린 아들을 보고자 모자를 베이징으로 불러들여 1개월 남짓 같이 살다가 다시 돌려보냈다. 이것이 가족과의 마지막 만남이었다. 당시 신채호는 49세, 부인은 34세, 장남 수범은 7세였다. 그리고 이때 회임한 부인은 귀국한 뒤 둘째 아들 두범을 낳았다.

1928년 4월 베이징과 톈진에서 무정부주의동방연맹이 조직될 때, 신채호는 이필현과 함께 조선 대표로 참가해 주도적인 역할을 했다. 당시 신채호는 상하이 임시정부의 권력 투쟁과 독립운동단체의 분열상에 염증을 넘어서 환멸을 느끼고 있던 터라 무정부주의동방연맹은 그에게 답답한 현실을 벗어날 출구와 같은 것이었다. 이 대회의 〈선언문〉을 신채호가 기초했는데, 여기에는 반세국주의, 반식민주의, 반봉건주의에 기반을 둔 항일 투쟁 의식이 짙게 반영되어 있다.

세계의 무산대중 그리고 동방 각 식민지 무산대중의 피와 가죽과 살과 뼈를 짜 먹어 온 자본주의 강도 제국 야수 군群은 지금에 그 창자, 배가 터지려 한다. (……) 민중은 죽음보다 더 음산한 생존 아닌 생존을 계속하고 있다.
최대 다수의 민중이 최소 수의 짐승 같은 강도들에게 피를 빨리고 살을 찢기는 것은 무슨 까닭인가.
그들의 군대 까닭일까, 경찰 때문일까, 그들의 흉측한 무기 때문일까.
아니다. 이는 그 결과이지 원인은 아니다.

(⋯⋯)

우리 민중은 참다못하여, 견디다 못하여 (⋯⋯) 재래의 정치, 법률, 도덕, 윤리 기타 일체 문구文具를 부인하고자 한다. 군대, 경찰, 황실, 정부, 은행, 회사 기타 모든 세력을 파괴하고자 하는 분노의 절규 '혁명'이라는 소리가 대지 위의 구석구석으로 울려 퍼지고 있다.

아울러 회의에서는 동방연맹의 선전기관과 관공서의 폭파를 위한 폭탄 제조소 설치를 결의하였다. 이를 실행에 옮기는 데 필요한 자금을 마련하려고 신채호는 5월 8일 류멍위안劉孟源이라는 가명을 사용해 중국인으로 위장한 뒤, 일본 고베를 거쳐 모지코에서 배를 타고 타이완 지룽에 도착하기 직전 일본 경찰에 체포되었다. 그리고 다롄大連으로 이송되어 미결수로 투옥되었다. 이때 국내의 신간회에서 파견한 이관용이 다롄 감옥으로 가서 신채호를 면회했다. 당시 그와 대화를 나눈 기록이 남아 있다.

신채호 형은 벌써 형무소로 넘어가서 그 면회 허부許否는 경찰의 권한 이외에 속하였을 뿐 아니라, 미결 중의 재감자在監者에게는 모든 면회를 절대로 불허함으로 성공 여부에는 장담하기 어려우나, 하여간 자기 명함 한 장을 가지고 영전둔營田屯 감옥으로 가서 보라고 한다. 필경 거절당할 줄을 알면서도 한번 떼를 써 보기 위하여 나는 자동차로 시외 영전둔으로 향하였다. (⋯⋯) 방문 이유를 말한 후 나는 전옥실典獄室로 인도되었다. 본래부터 미결수에게는 면회를 잘 허락하지 않지만, 일부러 경성서 왔으니 특별히 허許하겠다고 하여 나는 기쁜 마음을 금할 수 없을 뿐 아니라, 내 명의로 하면 음식, 의복, 서류 등의 차입을 다 받겠다고 하여 그의 친절함을 충심으로 감사하였다. (……) 면회실 문을 열고 들어슨즉, 단재 신채호 형은 내 앞에서 서 있다. 우리 사이에는 테이블 하나가 놓이어 있고 그 옆에는 동반한 간수 하나와 또 카와세川瀬 간수가 서 있다. 우리는 간수의 꾸지람을 무릅쓰고 저절로 동시에 나오는 손을 잡았으나 무어라고 말을 한 마디도 하지 못하였다.

얼마 동안 후에

문: "위선 건강은 어떻소?"

답: "건강은 아무렇지도 않아요. 다만 눈이 그저 낫지 못하여……"

문: "음식은……"

답: "음식도 그만하면……"

할 때, 오오모리大森 전옥이 들어와서 "일전에 10개일個日 간 시킨 차입은 어찌 되었소?" 하고 물은즉,

"그건 그저 있지요. 모두지 음식은 걱정 없어요. 다만 서류나 좀 있으면 하는데……."

다시 "무슨 서류요?" 하고 물어서 나는 수첩에 에취 지 웰스의《세계문화사》(일역)와 일문 설명의 에스페란토 문전文典 1책을 적었다. "또 무엇이냐?"고 물은즉 "그 밖에는《윤백호집尹白湖集》을 육당에게 말하였는데, 어찌 되었는지?" 하였다. 의복에 대하여는 조선 심동의深冬衣 한 벌과 조선 버선 몇 켤레를 원하는 것이다.

(……)

_ 이관용,〈북경에 와서〉,

《조선일보》1928년 11월 7일, 8일, 9일, 10일 4회 연재[9]

후통,
베이징 뒷골목을 걷다

투옥된 지 2년 10일째 되는 1930년 5월 9일 다롄 법정에서 신채호는 10년 형이 확정되어 뤼순旅順 감옥으로 이송되었다. 잘 알려진 대로 뤼순 감옥은 안중근 의사가 순국한 곳이기도 하다. 바로 여기서 신채호는 남은 생애를 다 보냈다.

1935년, 수형 생활이 7년째 접어든 가운데 신채호는 건강이 급격하게 악화되었다. 원래부터 건강한 체질이 아니었던 데다 독립운동을 하느라 일정한 거처 없이 '바람을 반찬 삼고 이슬을 잠자리 삼는風餐露宿' 고생을 하면서 쇠약해진 몸이 혹독한 환경의 감옥 생활로 최악의 상황을 맞았던 것이다. 그의 건강이 심각한 상황에 이르자 형무소 당국은 서울의 가족에게 병보석 출감을 통고했다. 가족들은 일가친척 가운데 힘을 쓸 수 있는 친일파 인사를 보증인으로 세우고 가출옥을 제의했다. 그러나 신채호는 그대로 죽을지언정 친일파에게 자신의 몸을 맡길 수 없다 하여 이를 거절했다.

1936년 2월 18일, 신채호는 뤼순 감옥에서 뇌일혈로 쓰러졌다. 북쪽 지방인 뤼순은 겨울에는 영하 20도에 이르는 혹한의 날씨로 유명하다. 신채호는 시멘트 감옥 독방에서 쇠약한 몸으로 심한 노역과 추위에 시달리다 쓰러졌던 것이다. 형무소 당국은 가족에게 '신채호 뇌일혈, 의식 불명, 생명 위독'이라는 내용의 전보를 보냈다. 급보를 접한 부인 박자혜와 아들 수범, 두범 형제, 친우 서세충이 뤼순 감옥으로 급히 달려갔다. 가족들은 까다로운 면회 절차를 거친 뒤 이미 의식을 잃고 아무 말 없이 누워 있는 신채호를 만날 수 있었다.

병실인지 감방인지 모를 어떤 독방에 안내되었다. 여기도 화기라고는 조금도 없고, 시멘트 바닥에 다다미 몇 장, 그리고 홑이불 정도밖에 안 되는 얄팍한 이부자리, 그 속에 아버지께서 드러누워 계셨다.

_ 신수범, 〈아버님, 단재〉, 《나라사랑》 제3집, 외솔회, 1971, 100쪽

비록 의식은 잃었지만 아직 운명하지 않은 상태라 가족들은 임종만이라도 지키게 해 달라고 애원했지만, 형무소 당국은 면회 시간이 다 됐다고 가족들을 몰아냈다. 그리고 2월 21일 오후 4시 20분, 신채호는 유언 한마디 남기지 못하고 눈을 감았다. 향년 57세, 고국을 떠나 망명길에 오른 지 26년 만이었다. 그리고 출옥을 1년 8개월 앞두고 있던 시점이었다.

신채호가 살아생전 뜻이 맞는 지기로서 가까이 지냈던 벽초 홍명희는 그가 옥사했다는 소식을 듣고 비통한 심정을 감출 길 없어 〈곡 단재〉라는 글을 썼다.

살아서 귀신이 되는 사람이 허다한데, 단재는 살아서도 사람이고 죽어서도 사람이다.

2월 24일, 신채호는 화장되어 그 유해가 가족에게 인계되었다. 신채호는 생전에 "내가 죽으면 시체가 왜놈의 발끝에 차이지 않도록 화장하여 재를 바다에 뿌려 달라."라고 하였으나, 가족들은 그를 매장하기로 결정했다. 그러나 망명객인 터라 호적 같은 게 있을 리 없는 까닭에 매장 허가를 받을 수 없었다. 이에 가족들은 그를 고향인 충북 청원군 낭성면 귀래리 상당산 기슭에 남몰래 매장하였다. 그의 묘소는 해방이 되

단채 신채호 선생 묘역

고도 여전히 방치되었다가, 1978년에야 사당이 세워지는 등 정비되었다. 그러나 그 뒤에도 관리 소홀 등의 이유로 유족들이 이장하는 등 몇차례 우여곡절을 겪은 뒤 오늘에 이르고 있다.

잘 알려진 대로 친일파는 그 뒤로도 위세를 떨치고 호의호식하며 떵떵거리고 살다가 국립묘지에 묻혔지만, 독립운동을 했던 지사들은 생활고에 시달리며 오히려 친일파 및 그 후손들에게 감시까지 당하는 역사가 이어지고 있다.[9]

어찌 그뿐이랴. 신채호는 해외로 망명을 떠난 이후로 "왜놈이 만든 호적에 이름을 올릴 수 없다."라며 스스로 무국적자가 되었다. 신채호가 국적을 회복한 것은 그로부터 97년의 세월이 흐른 2009년 3월 1일, 가족등록부에 그의 이름이 오르고 난 뒤였다.

신채호는 생전에 단순한 책상물림 노릇만 한 게 아니라 자신의 생각을 직접 행동에 옮기는 실천가이기도 했다. 그의 업적 가운데 가장 뚜렷한 것을 하나 꼽으라면 그때까지 불모지나 다름없던 우리나라 역사 연구의 기초를 닦고자 분투노력한 것을 들 수 있다. 역사에 대한 그의 생각은 다음의 한 마디에 압축되어 있다.

국가의 역사는 민족의 소장성쇠의 상태를 가려서 기록한 것이다. 민족을 버리면 역사가 없는 것이며, 역사를 버리면 민족의 그 국가에 대한 관념이 크지 않을 것이니, 아아, 역사가의 책임이 그 또한 무거운 것이다.[10]

1 정식 명칭은 United Press(UP)로, 1907년 에드워드 스크립스(Edward W. Scripps)가 설립한 미국의 국제통신사이다. 1958년에 1909년 윌리엄 허스트(William R.Hearst)가 창설한 International News Service(INS)와 합병하여 UPI 통신사로 발전했다.

2 3·1 운동 직후 인천 만국공원에서 국민대회의 이름으로 조직, 선포된 정부. 1919년 4월 23일, 24인의 국민대회 13도 대표자들이 〈국민대회 취지서〉를 발표하고, 〈임시정부 선포문〉을 UP를 통해 국내외에 알렸다. 공화제를 채택한 한성정부는 집정관총재에 이승만, 국무총리에 이동휘를 각각 추대하고, 정부 조직은 7부 1국으로 했다. 이승만은 국내 13도 대표자 이름으로 조직된 한성정부가 노령정부(露領政府)나 상하이 임시정부보다 정통성을 가진다고 하여 집정관총재로서 워싱턴에 사무실을 개설했다. 그 후 세 개의 임시정부를 단일화하는 협상에서 '한성정부의 정통성을 인정한 상하이 임시정부의 수립'이라는 이승만의 단일 정부 수립원칙이 합의되었다. 이에 따라 상하이 임시정부가 성립되었다.

3 김삼웅, 《단재 신채호 평전》, 시대의 창, 2005, 229쪽

4 김창숙, 〈독립운동비화〉, 〈경향신문〉 1962년 3월 2일

5 조성환 엮음, 《북경과의 대화》, 학고방, 2008, 112~113쪽

6 박태원, 《약산과 의열단》, 깊은샘, 2000, 103쪽

7 쉬안우먼의 원래 명칭은 순청먼順承門이고, 민간에서 순즈먼을 부르는 속칭에 불과하다. 아울러 순즈먼을 정식 명칭으로 쓰고 있는 것은 베이징 서남쪽에 위치한 완핑성宛平城 성문이다. 그런데 신채호의 전기를 서술한 어떤 책에도 순즈먼이 어떤 문을 가리키는지에 대해 기술한 것이 없고, 그저 '순즈먼 내內'라고만 해놓았다. 이것은 전기를 서술한 사람들이 현장을 답사하지 않고 옛 기록을 답습했기 때문으로 추정된다.

8 조성환, 앞의 책, 27~28쪽

9 신채호의 아들 신수범은 일제 강점기 때 은행원으로 일하다가 광복 후 직업을 잃었다. 신채호가 임시정부 초기 이승만의 정책에 반대했기 때문에 신수범은 자유당 정권하에서 신변을 위협받았다. 죽을 고비도 몇 번 넘겼다고 하며, 넝마주이, 부두 노동자 등 떠돌이로 살아야 했다. 이후 이승만 대통령이 3·15 부정선거 및 4·19 혁명으로 하야한 이후에야 은행에 다시 취업할 수 있었다.

10 신채호, 〈독사신론〉, 《신채호 역사논설집》, 현대실학사, 1995, 12쪽

1. 스덩후통

| 스덩후통의 위치

신채호는 베이징 여러 곳에서 살았지만, 후통 이름만 전하고 정확하게 몇 호에 살았는지에 대한 정보는 밝혀진 게 없다. 그 가운데 관인후통 등은 현재는 이름이 바뀌어 찾아갈 수조차 없다. 다만 스덩안石燈庵이 있던 스덩후통은 당시로서는 베이징 서남쪽의 변두리에 속하는 시볜먼 인근에 있다. 이곳은 여느 후통과 다를 바 없는 평범한 골목에 지나지 않는다.

2. 난뤄구샹

난뤄구샹은 본래 평범한 후퉁이었으나, 여기에 특색 있는 카페가 하나 둘씩 생기면서 입소문이 나 갑자기 번화해졌다.

21세기 이후 베이징 후퉁은 보존과 철거 두 가지 운명으로 극명하게 나뉘었다. 별다른 역사적 가치가 없다고 판단되는 경우는 철거되어 재개발되지만, 일부 후퉁은 관광지로 변신해 이전보다 찾는 사람들이 많아졌다. 이렇게 후퉁 관광지로 변한 곳 가운데 하나가 난뤄구샹이다.

현재 이곳은 서구풍의 카페와 패션, 소품 상점 등이 우후죽순처럼 생겨나 특히 젊은이 사이에서 인기가 높다. 그러나 다른 관광지와 마찬가지로 이렇게 유명해지고 나면 원래의 소박한 정취는 사라지고 깃발 부대의 발길 아래 지나치게 상업화된 모습만 남게 되어 찾는 이의 입맛을 쓰게 만드는 법이다.

| '베이징의 삼청동'이라 할 수 있는 난뤄구샹 © 조관희, 2014

3. 차오더우후통

| 차오더우후통 위치

신채호가 박자혜와 결혼한 뒤 신접살림을 차렸던 차오더우-후통^{炒豆胡同}은 시내에 있는데, 현재는 골목 양쪽의 분위기가 사뭇 다르다. 골목의 동쪽 초입은 한낮에도 인적이 드물어 괴괴한 가운데 적막감만 가득하다. 반면 골목 서쪽은 베이징 후통 중 가장 유명한 곳 가운데 하나인 난뤄구샹^{南羅鼓巷}과 잇닿아 있어 갑자기 사람들로 북적댄다.

| 적막감이 나도는 차오더우후퉁의 동쪽 골목 ⓒ 조관희, 2014

| 차오더우후퉁의 서쪽은 새로 생긴 가게들로 번화하다. ⓒ 조관희, 2014

| 차오더우후퉁에는 몽골족 출신 무장인 썽거린친의 집인 승왕부가 있다.

주요섭
朱耀燮

《사랑방 손님과 어머니》의
작자가 본 베이징

주요섭

BEIJING

"북평의 몇 일간은 내 일생생활 중 가장 아름다운 부분의 하나이었소."

귀국하는 길에 잠시 북평에 들려서 며칠 놀고 간 피천득皮千得 형의 편지의 한 구절이다.

"예술가는 반드시 북평을 보고 나서 붓을 들어야 할 줄 알아요."

이것은 청년 화가 김영기金永基 군이 연전에 필자와 더불어 후해後海가 버들촌村의 석양을 거닐면서 감격에 넘치어서 발하는 감탄사이었다.

"북평서 3년만 살아 본 사람이면 다른 곳에 가서 재미 부처 살기가 불가능합니다. 그래서 도로 봇짐 싸가지고 북평으로 찾아옵니다. 나도 내 나라로 갔다가 암만해도 북평이 그리워서 이렇게 도로 오고야 말았소."

이것은 어떤 서양 건축사의 이야기다.

"북평을 보지 못하고는 중화민국을 구경했다고 말할 자격이 없을 겝니다."

이것도 어떤 서작가西作家의 감상담이다.

_ 주요섭,《북평 잡감: 이국 수상異國隨想》[1]

이 글을 쓴 주요섭[朱耀燮, 1902~1972]은 《사랑방 손님과 어머니》라는 소설로 잘 알려진 소설가이자 영문학자이다. 그런데 주요섭이 베이징 유수의 대학인 푸런 대학[輔仁大學]에서 교수 생활을 했다는 사실은 그리 잘 알려지지 않았다.

주요섭의 베이징 생활에 대한 이야기를 하기 전에 인용문에서 계속 나오는 북평, 곧 베이핑[北平]이라는 용어를 먼저 설명해야겠다. 여기서 말하는 베이핑이 베이징을 가리킨다는 것은 굳이 설명할 필요가 없을 것이다.

쿠빌라이가 원[元]나라를 세우고 수도를 베이징으로 정한 뒤, 명과 청대를 거쳐 중국의 수도는 베이징이었다. 물론 원 대에는 정식 명칭이 다두[大都]였고, 명 대에 들어와서는 태조 주위안장[朱元璋]의 근거지가 남쪽이었기에 2대 황제까지는 난징이 수도였으나, 3대 황제인 영락제 때부터 베이징이 수도로 정해졌다. 신해혁명으로 봉건 왕조가 멸망하고 나서 쑨원이 그야말로 아주 잠깐 동안 중화민국의 수도를 난징으로 정했으나, 쑨원이 대권을 위안스카이에게 양보한 뒤 베이징은 줄곧 중국의 수도였다. 그러나 1928년 6월 20일 쟝졔스의 국민혁명군이 북벌을 진행해 북쪽 지역 군벌들을 타도하고 국민정부를 세운 뒤로 수도를 다시 난징으로 정하고 베이징은 베이핑으로 개명되었다. 그리고 1949년 1월 31일 홍군이 베이핑을 점령하고, 그해 9월 27일에 다시 베이징으로 개명할 때까지 약 20년의 세월 동안 베이징은 베이핑이라 불렸던 것이다. 그러니까 주요섭이 이 글을 썼을 당시는 베이징이 베이핑으로 불리던 시절이었다.

주요섭은 호가 여심餘心 또는 여심생餘心生으로, 1902년 평양에서 태어났다. 이후 평양 숭덕소학교를 거쳐 1918년 숭실중학 3학년 때 아버지를 따라 일본으로 가 아오야마 학원靑山學院 중학부 3학년에 편입하였다. 1919년 3·1 운동 당시 지하신문을 발간하다 출판법 위반으로 10개월을 복역한 뒤, 이듬해인 1920년 중국으로 건너가 쑤저우蘇州 안성중학安晟中學을 거쳐 1921년 상하이 후쟝 대학滬江大學 부속중학교를 졸업했다. 1927년 후쟝 대학을 졸업한 뒤에는 이듬해인 1928년 미국으로 건너가 스탠포드 대학원에서 교육심리학을 전공한 뒤 1929년 귀국했다. 1931년에는 동아일보에 입사해 〈신동아〉의 주간을 맡아 보다 1934년 베이징 푸런 대학 교수로 취임했다. 그 뒤 주요섭은 1943년 베이징이 일본에게 점령당한 뒤 일본의 대륙 침략에 협조하지 않는다는 이유로 추방 명령을 받고 귀국할 때까지 약 10년 동안 베이징에서 살면서 많은 작품들을 썼다.

　주요섭이 남긴 글을 보면 그는 단순히 베이징에 거주했던 것이 아니라 진심으로 베이징을 좋아하고 사랑했다는 것을 알 수 있다. 그래서 그가 초기에 발표했던 글들을 보면 중국을 작품의 모티프로 삼은 것이 많이 보인다. 그가 문단의 주목을 받은 것은 바로 이 시기로, 대표작은 《사랑방 손님과 어머니》(1935)였다. 당시 그의 작품은 기성의 윤리나 외모 또는 배신으로 인한 사랑의 좌절이나 향수 등을 그리면서 삶의 의미를 추구하는 경향을 보였다. 이것은 그의 개인적인 삶의 경험과도 무관하지 않은데, 생전에 그와 각별한 관계를 유지했던 수필가 피천득은 그의 호인 여심의 유래에 대해 다음과 같은 기록을 남긴 바 있다.

내가 북경으로 형을 찾아갔을 때 북해공원에서 밤이 어두워 가는 것을 잊고 긴긴 이야기를 하였지요. 그때 조지프 콘래드 이야기를 한 것이 기억납니다.

형은 나에게 있어 '아더 헬름' 같은 존재, 그대가 좋아하는 시구를 여기에 적습니다.

어떠한 운명이 오든지
내 가장 슬플 때 나는 느끼나니
사랑을 하고 사랑을 잃는 것은
사랑을 아니한 것보다는 낫습니다.

형은 한 중국 여동학과 이루지 못할 사랑을 하였습니다. 그리고 여심餘心이라는 아호를 지었습니다. 타고 남은 마음이라고.[2]

아울러 그가 재직했던 푸런 대학은 당시 베이징에서 알아주는 사립대학 가운데 하나였다. 베이징에는 4대 명문 대학이 있었는데, 베이징 대학과 칭화 대학, 옌징 대학과 푸런 대학이 그것이다.

푸런 대학은 본래 만주족 귀족인 잉롄즈英斂之와 저명한 교육가인 마샹보馬相伯가 로마 교황청에 가톨릭 대학의 설립을 요청해 세워진 학교이다. 이 가운데 마샹보는 베이징 대학 교장을 지낸 차이위안페이와 역시 교육가이자 정치가인 위유런于右任, 1879~1964, 사오리쯔邵力子, 1882~1967의 스승이기도 하다. 당시 상하이와 톈진에는 가톨릭 대학이 있었지만 베이징에는 아직 없었기 때문에, 잉롄즈와 마샹보 두 사람이 베이징에도 가톨릭

후퉁,
베이징 뒷골목을 걷다

대학이 있어야 한다고 주장했던 것이다.

1912년 잉렌즈는 샹산香山 징이위안靜宜園에 푸런서輔仁社, Fu Jen Academy라는 이름의 학교를 설립해 20여 명의 학생을 받았다. 그 뒤 잉렌즈와 마샹보의 노력으로 1925년 베이징 스차하이 서쪽 딩푸다졔定阜大街로 교사를 옮겨 베이징 공교대학北京公敎大學 부속 푸런서라는 이름으로 개명하였다. 1927년 6월에는 사립 베이징 푸런 대학北京輔仁大學, Catholic University of Peking으로 이름을 바꾸었다가 1929년 난징 정부 성립 후에는 베이핑 푸런 대학北平輔仁大學으로 개명하여 1950년까지 이어졌다. 신중국 수립 후 베이징에 남아 있는 교사는 베이징 사범대학에 흡수 통합되었고, 1961년에 타이완에 새롭게 사립 푸런 대학Fu Jen Catholic University이 세워져 현재에 이르고 있다.

주요섭이 푸런 대학의 교수가 되었던 1934년은 푸런 대학이 전성기를 누리던 시기였다. 이후 중일전쟁이 발발하여 베이징 대학과 칭화 대학, 톈진의 난카이 대학南開大學은 윈난雲南으로 옮겨가 서남연합대학이라는 이름으로 명맥을 이어 갔지만, 푸런 대학은 베이징에 그대로 남아 있었다. 그러나 전쟁이 심화되어 갈수록 일본 제국주의 세력의 간섭과 탄압이 강화되어, 1941년에는 일부 미 국적 교직원들이 일본군에게 체포되었고, 이듬해인 1942년에는 잉첸리英千里 등 교수와 학생 100여 명이 일본 군대에 체포되었다가 3개월 만에 석방되는 일까지 벌어졌다.

주요섭 역시 예외는 아니었으니, 앞서 소개한 피천득의 글에는 주요섭이 '베이징 푸런 대학에 재직하고 있을 시절 항일 사상이 있다 하여 일본 영사관 유치장에서 모진 고생을 겪기도 했습니다'라는 기록이 남아 있기도 하다. 결국 주요섭은 1943년 일본의 대륙 침략에 협조하지 않는다는 이유로 추방되어 귀국하였다.

베이징에 남아 있는 원原 푸런 대학 교사 © 조관희, 2008

주요섭은 상하이에서 학창 시절을 보내고 베이징에서 교수 생활을 근 10년간 했을 정도로 당시에는 드문 중국통이었다. 그렇듯 오랜 중국 생활을 통해 주요섭은 중국에 대한 사랑이 깊어 갔는데, 특히 베이징에 남다른 애정을 갖고 있었다.

과연 북평은 아름답고 평화스럽고 아늑하고 고전적이고 고귀하고 사랑스런 곳이다. '도회'란 말을 안 쓰고 그냥 '곳'이라고만 일부러 썼다. 인구가 150만이 넘는 도회지라고 하면 누구나 다 북평의 참 모양을 상상하지 못하고 엉뚱한 틀린 관념을 가지겠기에 말이다. 그것은 세계 어디나 도회지란 더럽고 분주하고 냄새 나는 것이 정례定例이기 때문이다. 북평은 그런 의미에서 도회라고 할 수는 없는 곳이다. 인구 150만이 사는 한 공원이라고 함이 적당한 명명일 것이다. 하기에 북평은 원래가 도회로 발달된 곳이 아니고 천자의 한 정원으로 발달된 곳이니까.

_주요섭, 《북평 잡감: 이국 수상異國隨想》[3]

주요섭의 눈에 비친 베이징은 도시라기보다는 하나의 공원과 같은 곳이었다. 과연 고래로 베이징에는 다른 도시에 비해 녹지가 많고 공원이 잘 갖춰져 있다.

주요섭은 이에 그치지 않고 베이징의 성격을 다음과 같이 개괄했다.

북평에는 삼다三多가 있다. 수목이 일다一多요, 담정이 이다二多요, 인력거가 삼다三多다. 도회지로서 수목이 많기로는 아마도 북평이 세계 수

베이징 태묘의 오래된 고목들 ⓒ 조관희, 2007

위_{首位}일 것이다. 집집마다 커단 나무들이 섰고, 경산景山이나 북해北海
에 올라서 시가를 내려다보면 집들이 모두 무성한 수목 속에 가리어
서 시가지 같지 않고 삼림 같은 감을 준다. 깨끗하고 노블한 백송白松
도 첨보는 사람에게는 한 경이려니와 태묘太廟 안윗 고목古木 속으로 산
책하는 기분이란 이야말로 신선이나 된 듯한 감을 주는 것이다. 그보
다도 북해와 후해後海의 수양버들! 능나도 수양버들과 벗하여 어린 시
절을 자란 필자로써는 이 수양버들촌村이 없었던들 얼마나 적적하였
을까? 버들 꽃이 못 위에 때 아닌 설경을 꾸며 놓은 한 폭의 그림 같은
경치는 아마도 북평이 아니고는 만나 보지 못할 일일 것이다.

둘째로 북평은 담정의 도시이다. 골목, 골목, 골목! 골목의 도시인 북
평은 담정, 담정, 담정의 도시이다. 담정도 요만조만의 담정이 아니라
세 길 네 길씩 높이 올리고 기와지붕까지 얌전히 올린 담정의 나열에
놀라지 않을 수 없는 일이다. 고궁 안에를 들어가 보면 한 궁녀의 전에
서 다른 한 궁녀의 전으로 가는 중간에도 다섯 길씩이나 되는 담정을
쌓아 논 그것을 모방했는지 중국인의 사택은 웬만한 성 못지 않은
담정으로 둘러막혀 있는 것이다. 그러나 이 높은 담정들이 이곳 생활
의 고즈낙하고 아늑한 맛을 돕는 한 중대한 요인이 된다고 말할 수 있
다. 사실 이 사람들의 한 가정은 이 성이오, 궁이라 할 수 있는 것이다.

_주요섭,《북평 잡감: 이국 수상異國隨想》[4]

베이징은 물이 귀한 동네이긴 하지만, 수로를 잘 정비해 놓고 곳곳에
나무를 많이 심어 수목이 울창하다. 특히 역사가 오랜 도시이니 만큼 수
령이 오래된 나무도 상당히 많은데, 특히 주요섭이 소개한 태묘의 오래

베이징 담장의 대표 격인 쯔진청 내의 높은 담장 © 조관희, 2009

된 고목들은 베이징을 대표하는 나무들이라 할 만하다.

아울러 성곽 도시인 베이징은 그 안에 사람들이 거주하는 사합원들이 빼곡하게 들어차 있는데, 사합원은 가운데 정원을 중심으로 사면에 벽을 두른 형태를 띠고 있어 밖으로부터의 시선을 차단하는 효과가 있다. 그러니 베이징 도심을 돌아다니다 보면 눈에 들어오는 것은 높은 담장밖에 없는 게 당연한 이치다. 실제로 베이징 시내를 돌아다니다 보면 어떤 때는 담장만 구경하다 오는 느낌이 들 때도 있다. 한마디로 베이징은 거대한 담장 벽에 갇힌 도시인 것이다.

그러나 이것은 그저 베이징의 외적인 측면을 단순히 서술한 것에 지나지 않는지도 모른다. 베이징의 속살이라 할 후통에서의 일상은 잠시 베이징을 방문한 관광객의 시선으로는 도저히 포착이 안 되는 깊은 맛이 있다.

> 바람만 안 불면 북평의 겨울은 따스하기 봄날 같다. 그러나 '전보도 안 치고' 오는 몽고蒙古 바람이 앙상한 버들가지 위에서 휘파람을 불기 시작하면 개가죽 모자 없이는 외출이 어렵다. 그러나 바람은 소문 없이 급히 오는 모양으로 또한 소리 없이 급히 가버리고 만다. 뒤흔들리는 문풍지가 갑자기 조용해지면 고즈낙한 밤이 더한층 죽은 듯하게 고요해진다. (……)
> 북평 밤의 행상의 외치는 소리! 그것은 음악이오, 신비요, 꿈이다. 북평서 오래 살던 사람은 이 '행상의 노래'가 듣고 싶어서 겨울의 북평을 다시 찾아든다고 할만치 정드는 정조이다. (……)
> 얼마나 오랜 시간이 흘러갔는지? 일분일 듯도 하고 영원일 듯도 하

다. 어쩐지 몇 만 년 전에 나는 그때도 이 세상에 태어나서 오늘밤 꼭 이와 같은 경험을 해 본 듯한 야릇한 공상이 떠오른다.

_ 주요섭,《북평의 겨울밤》5

하루 일과가 끝난 뒤 맞이한 한밤중에 들리는 행상들의 물건 사라고 외치는 소리는 고즈넉한 기분을 더해 준다. 동시에 이 추운 밤을 이겨 내지 못하는 사람들이 있다는 사실 역시 잊어서는 안 된다.

그러나 바람! 밤중에 또 바람이나 일지 않을까? 북평에 겨울밤이 바 람을 갑자기 만나면 그 몹쓸 바람은 반드시 몇 사람의 제물을 가지고 야 간다. 한 달에 돈 1원이 없어서 밤바람에게 붙잡혀 가는 가련한 인 생들이다. 차라리 일찍 가는 것이 더 편할른지 모르나 그러나 그들은 얼마나 하루라도 더 살아 보겠다고 애쓰고 발버둥치고 아우성쳤는 고? 아까 낮에 인력거를 따라오면서 '컬린, 컬린可憐, 可憐' 하며 손을 내 밀던 그 늙은이의 여윈 얼굴! 오늘 저녁바람이 그 영감을 제물로 가 져갈지도 모른다.

_ 주요섭,《북평의 겨울밤》6

실제로 주요섭은 사회 약자인 인력거꾼의 죽음을 다룬 소설을 쓴 적 도 있었다. 〈개벽〉 58호(1925)에 발표된 단편소설 〈인력거군〉이 바로 그 것이다. 여기서 주요섭은 상하이에서 인력거를 끄는 아쩡이라는 젊은이 의 삶과 죽음을 서술한 바 있다. 이 소설을 쓸 당시 주요섭의 나이는 스 물세 살이었으니, 아무리 노력을 해도 생활이 나아질 것을 기대할 수 없는 인력거꾼의 삶에 연민을 갖고 부조리한 사회 체제에 강한 저항의식이 생겼으리라는 것은 쉽게 짐작해 볼 수 있다.

주요섭에게 베이징은 단순한 삶의 공간을 넘어서 그의 영혼이 가장 충일했던 하나의 기억이었는지도 모른다. 비록 10년이 조금 못 되는 시간을 보내고 다시는 그곳을 찾지 못했지만, 그는 베이징을 잊지 못하고 베이징에서의 기억을 평생 간직하며 살았다.

> 경치가 아름다운 것도 한 특색 아닐 수 없고 인심이 순후한 것도 한 특색 아닐 수 없으되 그것들보다도 이 성내를 충일하는 안정감, 폭 가라앉은 듯한 마음의 느긋함과 여유, 여기에 북평의 참맛이 있는 것이다. 의학자의 말을 들으면 신경 쇠약자가 북평으로 오면 신경이 누그러지고 고혈압 환자가 북평으로 오면 혈압이 현저하게 낮아진다고 한다. 그것은 사실일 것이다. 필사도 지구의 약 삼분지일쯤은 편답해 본 경험이 있거니와, 이 북평에서처럼 몸과 정신과 마음의 평화를 누려 본 경험이 일즉 없었다.
>
> _주요섭,《북평 잡감: 이국 수상異國隨想》[7]

1 조성환 엮음,《북경과의 대화》, 학고방, 2008, 54~55쪽

2 조성환, 앞의 책, 340~341쪽

3 조성환, 앞의 책, 55쪽

4 조성환, 앞의 책, 57~58쪽

5 조성환, 앞의 책, 173~179쪽

6 조성환, 앞의 책, 181쪽

7 조성환, 앞의 책, 55쪽

1. 푸런 대학

| 원래 푸런 대학이 있던 곳

주요섭이 푸런 대학에서 근무한 것은 1934년(32세)에서 1943년(41세)까지로 10년이 채 못 되는 기간이었다. 앞서도 말했듯이 이 시기는 푸런 대학이 베이징의 유수한 명문 대학으로 성가를 높이던 때였으며, 동시에 일본의 중국 침략이 노골화되던 때이기도 했다. 이 동란의 시기에 주요섭은 푸런 대학에서 학생들을 가르치며 자신의 젊은 날을 보냈던 것이다.

아울러 이 시기는 베이징이 원래 모습을 잃지 않고 보존되었던 시기였으니, 주요섭이 가졌던 베이징에 대한 기억은 우리가 현재 목도하고 있는 베이징의 모습과 다르다는 것을 감안해야 한다. 이것은 어느 경우에도 마찬가지다. 명나라 3대 황제인 영락제가 건설한 뒤로 베이징은 줄곧 한 나라의 수도로서 그 위용을 자랑해 왔으나 사회주의 정권이 수립된 뒤, 특히 1950년대와 1960년대를 거치면서 원래의 모습을 잃고 말았던 것이다.

옌징 대학, 푸런 대학, 후쟝 대학은 현재 없어졌지만, 각각 베이징 대학
과 베이징 사범대학, 상하이 리궁 대학이 그 자리를 대신하고 있다. 이
가운데서도 푸런 대학은 다른 대학과 달리 1961년에 타이완의 신베이
시新北市에 사립 푸런 대학으로 새롭게 개교했다는 점이 특이하다. 베이징
의 푸런 대학은 관광객들이 많이 찾는 스차하이 인근에 있다.

2. 후쟝 대학

주요섭은 형인 주요한朱耀翰, 1900~1979과 함께 우리나라 현대문학사에 뚜렷
한 발자취를 남긴 작가로 유명하다. 주요섭과 주요한 두 형제는 이름에
서 알 수 있듯이 기독교 집안에서 태어났는데, 그의 아버지 공삼1875~?은
평양에서 목회 활동을 하던 목사였다. 그런 까닭에 대학도 미션스쿨(미
국 침례교)인 후쟝 대학을 나왔을 것으로 생각된다. 당시 중국에서 유명한
미션스쿨로는 베이징의 옌징 대학과 푸런 대학, 상하이 후쟝 대학을 대
표적으로 꼽을 수 있다. 주요섭, 주요한 두 형제 말고도 우리나라 현대
사의 주요 인물 가운데도 후쟝 대학 출신들이 몇 명 있다. 이를테면 유
명한 소설가 현진건玄鎭健, 1900~1943과 수필가인 피천득皮千得, 1910~2007이 대표
적이다. 그리고 주요섭의 형인 주요한 역시 후쟝 대학을 나왔다.
후쟝 대학은 중국 내에서 명문 대학으로 유명세를 떨치며 수많은 인재
를 배출했다. 해방 후에는 옌징 대학이나 푸런 대학과 마찬가지로 정부
의 대학 정비 과정에서 해체되어, 푸단 대학復旦大學, 화둥 사범대학華東師範大
學, 상하이 차이징 대학上海財經大學 등으로 흡수 합병되었고, 원래 학교가 있
던 곳에는 상하이 리궁 대학上海理工大學이 들어섰다.

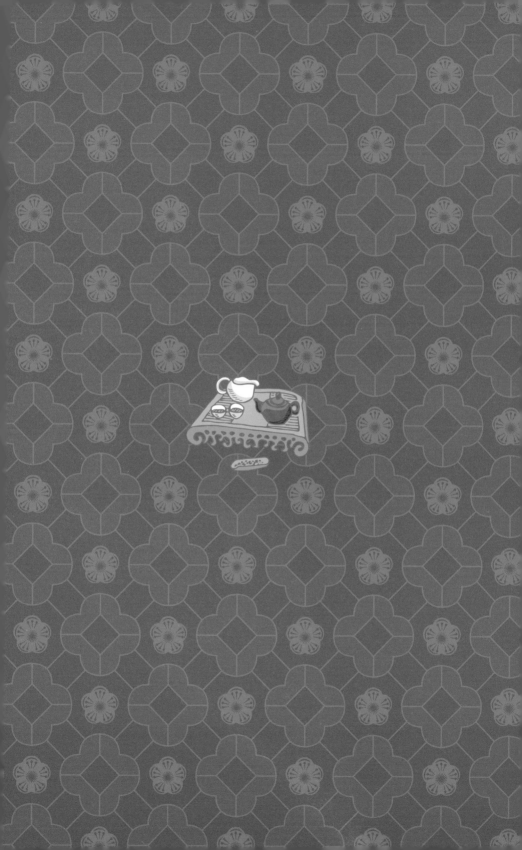

낡은 베이징, 새로운 베이징

요나라와 금나라의 제2수도였던 베이징은 중원을 정복한 몽골족에 의해 정식으로 한 나라의 수도가 되었다. 이후 명과 청을 거쳐 현재까지도 베이징은 중국의 수도로 약 800여 년의 역사를 가진 이른바 고도古都라 할 수 있다. 하지만 베이징의 현재 모습을 고도라 부를 수 있을까? 물론 베이징에는 역사 문물이 아직도 많이 남아 있다. 그러나 지금 우리가 아무 생각 없이 찾아가는 베이징에서는 과거의 모습을 찾아보기 어려운 게 사실이다.

1952년에 찍은 베이징 외성의 남대문에 해당하는 융딩먼永定門을 보면, 본래 성을 에워싸고 있어야 할 옹성은 이미 없어졌지만, 젠러우箭樓와 성루城樓는 그대로 남아 있다. 당시 베이징성의 존폐를 두고 논쟁이 벌어졌을 때, 철거를 지지하는 이들은 내성의 정양먼正陽門을 보존하기로 한 바에야 굳이 외성의 융딩먼을 남겨 둘 필요가 없다고 주장했다. 그러나 당시 중국을 대표하는 유명한 건축가였던 칭화 대학 건축학부 교수 량쓰청梁思成, 1901~1972은 융딩먼을 외성의 표지로 보존해야 한다고 강변했다.

이듬해인 1953년, 량쓰청의 부인이자 역시 유명한 건축가였던 린후인林徽因, 1904~1955은 폐병으로 거의 말을 할 수 없는 지경이었음에도, 당시 베

1924년 융딩먼

현재의 융딩먼 © 조관희, 2014

이징 시 부시장으로 베이징성의 철거를 주장했던 우한吳晗, 1909~1969에게 이렇게 외쳤다.

"당신들이 철거하려는 것은 800년의 역사를 지닌 진정한 골동품이요. (……) 장래에 당신들은 조만간 후회하게 될 것이고, 그때 당신들이 짓는 것은 가짜 골동품이 될 게요!"

불행인지 다행인지 린후인은 2년 뒤 숨을 거둬 융딩먼이 철거되는 모습은 보지 못했다.

1957년, 결국 융딩먼은 교통에 방해가 된다는 명목으로 철거되었다. 그리고 47년이 지난 2004년, 린후인의 말대로 가짜 골동품이 그 자리에 다시 세워졌다. 몇 차례의 주변 정리를 거쳐 지금은 당당하게 옛 모습을 되찾은 이 문은 베이징성의 영고성쇠를 말해 주는 하나의 표지라 할 수 있다.

1945년, 일본의 패망과 함께 제2차 세계대전도 끝이 났다. 그러나 중국 대륙에서는 또 다른 전쟁이 시작되었다. 그때까지 일본 제국주의라는 공동의 적 때문에 중단되었던 국민당과 공산당 최후의 결전이 벌어졌던 것이다. 내전은 약 4년 동안 이어졌다. 초기에는 미국의 엄청난 군사 지원에 힘입은 국민당군이 우세를 보였다. 그러나 시간이 갈수록 전세는 역전되었다. 잇따른 승리에 자신감을 얻은 공산당군은 대규모 군사 작전을 통해 넓은 공간에서 대회전을 벌이는 재래식 전투 방식으로 전환했다. 1948년에 접어들자 공산당군의 우세는 한층 분명해졌다. 동북 지역을 함락시킨 공산당군은 양쯔 강 유역까지 장악하고 1948년 말 당시 베이핑이라 불렸던 베이징을 포위했다. 당시 공산당군은 80만에 이르렀다. 반면 수비하는 국민당군은 고작해야 30만 정도밖에 되지 않았는데, 그것도 극도로 사기가 떨어진 오합지졸에 불과했다. 베이핑의 함락은 코앞에 닥쳐 있었다. 많은 이들이 베이핑 함락을 기대하는 동시에 미구에 닥칠 전화戰火로 파괴될지도 모르는 베이핑의 수많은 문화 고적들의 운명을 걱정했다. 량쓰청 역시 그 가운데 한 사람이었다.

사태는 급박하게 돌아갔다. 천년 고도 베이핑은 과연 전화의 위협으로부터 자신을 지켜낼 수 있을 것인가? 1948년 12월 어느 날, 당시 칭화대학 정치학과 교수였던 장시뤄張奚若, 1889~1973는 은밀히 량쓰청에게 한 사람을 데려갔다. 그는 해방군 13병단 정치부 연락처의 책임자였다. 그의 임무는 곧 있을지도 모르는 전투에서 피해를 최소화하고자 베이핑 중요 문물의 위치를 파악하는 것이었다. 그가 말했다.

"량 교수님, 나는 인민해방군 공성攻城 부대의 위임을 받고 선생에게 가르침을 청하러 왔습니다. 베이징성 내에 보호해야 할 저명한 건축물과 문물 고적들의 위치를 정확하게 이 지도에 표시해 주시기 바랍니다. 그래야 아군이 공격할 때 그것들을 피할 수 있을 것입니다."

그의 부탁을 받고 량쓰청은 베이핑 중점 문물들의 위치를 지도 위에 표시해 주었을 뿐 아니라, 학생들을 데리고 고건축 문헌들을 수집할 때 기록해 두었던 《전국건축문물간목》을 꺼내 해방군 간부에게 건네면서 상세한 설명을 덧붙여 주었다.

이렇게 해서 베이징의 군사 지도는 '베이징의 중점 문물 지도'가 되어 당시 시바이포西柏坡에 있던 마오쩌둥의 지휘소 벽에 걸렸다. 그리고 마오쩌둥은 다음과 같은 명령을 내려 보냈다.

이 지도를 베이핑을 둘러싸고 있는 부대에 보내, 이들 중요 문화 고적

을 보호하는 데 주의를 기울이고, 부대가 공격 연습을 할 때 반드시
목표물에 대한 계산을 정확히 하라.

1949년 1월에는 당시 베이징을 지키고 있던 국민당 군사령관 푸쭤이
傳作義가 베이핑의 문화계 명사들을 소집해 베이핑성의 보호에 대한 공청
회를 열었다. 그 자리에서 유명한 화가인 쉬베이홍徐悲鴻은 이렇게 말했
다.

"베이핑은 세계적으로 유명한 문화 고성으로, 여기에는 위대한 건축
물들이 많이 있습니다. (……) 푸쭤이 장군이 대국大局을 고려하고, 민의에
복종해 베이핑이 포화에 무너지지 않게 해 주기 바랍니다."

또 캉유웨이의 딸인 캉둥비康同璧는 이렇게 말했다.

"베이핑에는 인류의 가장 진귀한 문물 고적들이 있으니, 이것은 가치
를 따질 수 없는 보물들로, 절대 전란으로 훼손되어서는 안 된다."

그러나 사태는 의외로 싱겁게 마무리되었다. 1월 31일, 베이징을 지
키고 있던 국민당군 사령관 푸쭤이가 투항 조건을 협상한 뒤 항복한 것
이다. 공산당군은 베이징에 무혈 입성했다.

같은 해 9월 27일에 중국인민정치협상회의가 소집되었고, 여기서 베
이징이 신중국의 새로운 수도로 확정되었다. 1928년 쟝졔스가 난징 정
부를 세우면서 베이핑이라는 이름으로 격하되었던 베이징이 본래 이름
을 되찾고, 그동안 상실했던 한 나라 수도로서의 위상과 영광을 회복했
던 것이다.

그러니 베이징의 미래는 그리 밝지 않았다. 애당초 중국 공산당과 그
지도부는 베이징의 중요 문물을 지키고 보존하고자 했던 수호자였다.

후통,
베이징 뒷골목을 걷다

그러나 정작 베이징의 주인이 되고 난 뒤에는 입장이 180도 바뀌었다. 그들은 베이징을 자신들의 입맛에 맞게 변화시키고자 했던 것이다. 그리고 얄궂게도 그 임무는 당시 중국을 대표하는 가장 유명한 건축가였던 량쓰청에게 맡겨졌다. 하지만 중국 공산당이 요구하는 새로운 수도의 모습은 량쓰청의 이상과 동떨어진 것이었다.

1950년 2월, 량쓰청은 일찍이 영국에 유학한 적이 있었던 저명한 건축가인 천잔샹陳占祥과 함께 〈중앙 인민정부 행정 중심의 위치에 관한 건의〉를 제출했다. 이것이 유명한 '량천방안梁陳方案'으로, 주요 뼈대는 옛 베이징성을 그대로 두고 서쪽에 새로운 도시를 건설하자는 것이었다. 량쓰청은 새로 건설하는 도시는 중국의 정치적 심장으로 기능하되, 옛 도시는 하나의 도시 박물관으로 남겨 두고자 했다.

사실 이런 구상은 량쓰청과 천잔샹이 처음으로 한 게 아니었다. 해방 전인 1938년 일본인 설계사 사토 도사쿠佐藤俊久와 야마자키 게이치山崎桂一는 베이징 도시계획대강 초안을 만들었는데, 여기서도 베이징성을 그대로 두고 신도시를 따로 건설하는 방안을 제시했다.

그러나 결론부터 말하자면, 이 방안은 채택되지 않았다. 아니 이후에도 량쓰청이 제안한 것은 모두 실현되지 못했다. 중국의 새로운 주인이 된 중국 공산당 지도자들은 수도 베이징의 원래 모습을 부정하고 새롭게 틀을 짜려고 했던 것이다.

량쓰청의 구상은 한낱 몽상으로 끝나고 말았다. 소련 전문가는 베이징의 새로운 주인에게 베이징이 대공업도시로 발전해야 하고, 노동자 계급의 비율을 높여야 한다고 조언했다. 과연 마오쩌둥은 톈안먼 성루에 올라 '앞으로 여기서 내려다보면 사방 어디에서나 굴뚝이 보여야 할 것'이라고 했다. 모든 것은 그의 뜻대로 돌아갔다. 마오쩌둥은 심지어 이런 말까지 했다.

"중난하이中南海에 황제는 살 수 있었는데, 왜 나는 살 수 없다는 것인가."

결국 베이징성은 해체되고 철거되는 것으로 결정되었다. 여기에 반대하는 사람들은 성역이라 할 수 있는 '소련 고문관에게 대드는 자'로 낙인찍혔다. 량쓰청은 좌절했다. 그러나 이에 굴하지도 않았다. 1951년 초, 량쓰청은 자신의 구상을 펼쳐 보였다. 그것은 웅장한 베이징 성벽을 이용해 녹색 공원을 만드는 것이었다.

성벽 상면의 폭은 평균 10미터 이상으로 화단을 만들어 정향목이나 장미와 같은 관목을 심거나 초지를 만들어 풀과 꽃을 심은 뒤 벤치를 놔둘 수도 있다. 여름에는 황혼 무렵에 수십만 명의 사람에게 더위를 식히는 휴식 공간을 제공할 수 있다. 가을에는 하늘이 높고 공기가 상쾌한 절기에 높은 곳에 올라 멀리 조망하면서 성을 내려다보면 서북쪽으로는 푸르른 시산西山이, 동남쪽으로는 끝없이 펼쳐진 평원이 펼쳐져, 도시에 거주하는 인민들은 이런 식으로 대자연에 접근할 수 있어 가슴이 탁 트이게 된다. 또 성루와 각루 등은 문화관이나 소형 도서관, 박물관, 찻집 등으로 개조할 수도 있고, 성을 둘러싼 해자에는 융딩허永定河의 물을 끌어들여 여름에는 뱃놀이는 하고 겨울에는 스케이트를 탈 수도 있다. 이렇게 성을 둘러싼 입체 공원이야말로 세계에 둘도 없는 유일한 (……)

후통,
베이징 뒷골목을 걷다

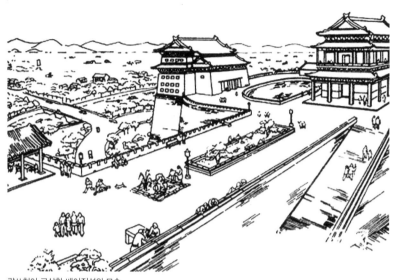

량쓰청이 구상한 베이징성의 모습

량쓰청이 구상한 것은 미국 수도인 워싱턴 DC와 같이 아름다운 풍경 속에 고즈넉한 분위기를 갖춘 정치문화 중심지로서의 베이징이었다. 베이징성의 서쪽인 궁주펀公主墳에서 웨탄月壇에 이르는 지역에 중앙인민정부의 행정 중심구를 새로 건설하고, 베이징 내성과 외성의 성벽과 성을 둘러싼 해자는 환성입체공원環城立體公園을 조성함으로써 문물을 보존하고 고도古都로서의 풍모를 지켜내고자 했던 것이다. 하지만 결과는 마찬가지였다. 아니 한걸음 더 나아가 량쓰청은 '미 제국주의의 숭배자', '톈안먼을 전국 인민이 동경하는 정치의 중심으로 만들려는 계획을 부정하는 자'라는 비판까지 받았다.

베이징 역에서 동남쪽으로 걸어가다 보면, 2환선과 옛 퉁후이허通惠河가 만나는 곳에 웅장한 각루角樓가 서 있고 허물어져 가는 성벽이 남아 있

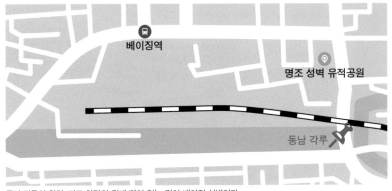

동남 각루의 위치. 지도 하단의 길게 뻗어 있는 것이 베이징 성벽이다.

는 곳을 만난다. 이곳이 바로 현재 두 곳밖에 남아 있지 않은 베이징 성
벽 가운데 한 곳이다. 다른 하나는 반대쪽인 시볜먼西便門 쪽에 일부가 남
아 있다. 이 두 곳은 다른 곳에 비해 약간 외지기 때문에 교통에 방해가
안 되어 철거할 필요가 없었던 것이다. 이른바 '쓸모없음의 쓸모無用之用'의
한 사례라고 할 수 있을까?

현재는 공원으로 조성되어 있는 동남 각루에 오르면 베이징 성벽의
원래 모습을 확인할 수 있다. 베이징 성벽의 규모는 수도의 위상에 걸맞
게 크고 웅장하다. 이러한 성벽이 도시 전체를 감싸고 있는 모습을 상
상해 보라. 그 옛날 주변국 사신들이 조공을 하고자 베이징을 찾았을 때
저 거대한 성벽에 일단 기가 질리고 위압감에 사로잡히지 않았을까? 그
러나 지금은 모두 황성 옛터가 되어 버렸다.

이 성벽을 지키고자 량쓰청 부부는 피눈물을 쏟았던 것이다. 그러나
그들은 결국 성벽을 지켜 내지 못했다. 그렇게 세월은 무심히 흐르고,
뒤늦게 이 성벽의 가치를 알게 된 후대 사람들이 성벽을 복원하겠다고
나섰다. 하지만 이미 성벽이 있던 자리는 도로와 지하철로 완벽하게 대

베이징 성벽

각루의 벽면에는 1900년 의화단의 난 때 베이징을 점령했던 8개국 연합군이 새겨 놓은 낙서가 남아 있다.

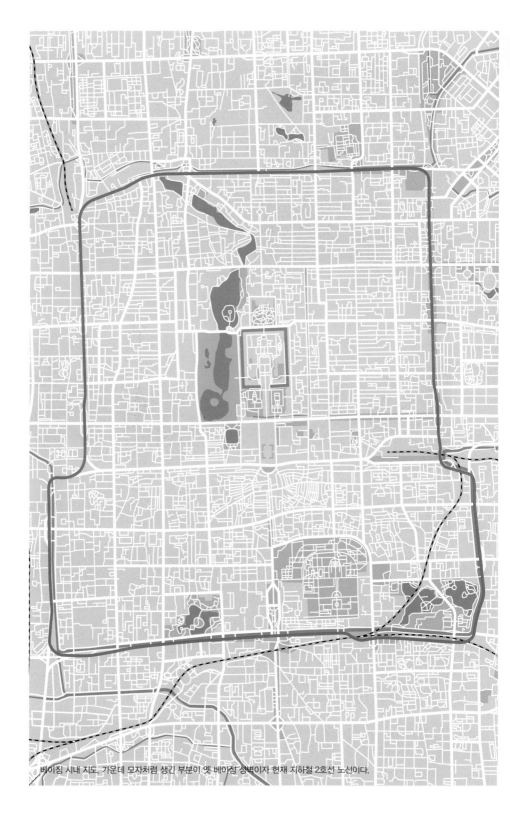

베이징 시내 지도. 가운데 모자처럼 생긴 부분이 옛 베이징 성벽이자 현재 지하철 2호선 노선이다.

체되어 그들의 계획은 허망한 꿈에 지나지 않게 되었다.

한번 모습을 잃어버린 도시의 원래 모습을 되찾는다는 것은 애당초 불가능한 것인지도 모른다. 그런 의미에서 베이징 성벽의 철거는 인류 문화유산의 커다란 상실이라 할 수 있다.

그러나 이것은 베이징 성벽에만 국한되지 않는다. 그 성벽 안에서 백성들이 살아갔던 공간 역시 성벽의 운명과 크게 다르지 않은 것이다. 앞에서 살펴보았듯이 그 삶의 공간은 우리가 '후통'이라고 부르는 좁은 골목길을 가리킨다. 중국 대도시마다 골목이 없는 곳은 없겠지만, 후통이라는 말은 유독 베이징의 골목만을 지칭한다. 그 골목과 골목 사이에서 사람들은 하루하루의 삶을 영위했고, 하고 있는 것이다. 그러나 그 후통 역시 역사의 뒤안길로 사라져 가고 있다.

베이징의 역사는 곧 후통의 역사라 할 수 있다. 우리가 관광객의 입장에서 심상하게 바라보는 후통이야말로 수많은 사람들이 오랫동안 자신들의 삶을 영위했던 역사의 현장인 것이다. 그곳에서 캉유웨이가 상소문을 썼고, 량치차오가 관료로서 자신의 뜻을 펼쳤으며, 루쉰은 참담한 현실에 고뇌의 깊이를 더했다. 어찌 그뿐이랴? 나라를 잃고 망명객으로서 베이징에 터를 잡은 우리 선조 역시 베이징 골목 어딘가에 우거 寓居를 마련하고 잃어버린 나라의 주권을 회복하고자 분투노력했다.

그러한 후통이 도시 재개발의 논리에 따라 하나씩 하나씩 철거되고, 그 자리는 고층 아파트 단지나 상점가로 대체되고 있다. 이것은 베이징 성벽이 철거되고 그 자리에 지하철이 들어선 것과 같다. 물리적으로 사라지는 것은 그저 후통에 지나지 않을지 모르지만, 루쉰이 살았던 집이 사라지고 나면 그 집에서 일어났던 그들 형제의 불화의 현장도 소멸되는 것이다. 그렇기 때문에 점차 사라져 가는 후통에서 옛 사람들의 삶의 흔적을 더듬어 보는 것은 또 다른 감흥을 불러일으키는 일인 동시에 베이징이라는 도시를 좀 더 깊이 있게 이해하는 길이 된다. 그 길에 동참하지 않겠는가? ❀